EXAMEN

SUR

LE CODE DE COMMERCE.

EXAMEN

SUR LE

CODE DE COMMERCE,

CONTENANT

L'EXPLICATION DE CHAQUE ARTICLE DE CE CODE,

PAR DEMANDES ET PAR RÉPONSES,

Avec des définitions et des notes indiquant la doctrine
des Cours et des auteurs sur la plupart des difficultés
du droit commercial;

PAR UN AVOCAT

A LA COUR ROYALE DE PARIS.

Interrogandi seipsum et respondendi sibi solent esse
non ingratæ vices. (QUINTIL. , *De fig. sentent.*)

A PARIS,

CHEZ FANJAT AINÉ, LIBRAIRE-ÉDITEUR,

RUE CHRISTINE, N° 3.

1825.

DE L'IMPRIMERIE DE LÂCHEVARDIERE FILS,
RUE DU COLOMBIER, N° 30.

EXAMEN

SUR

LE CODE DE COMMERCE.

LIVRE PREMIER.

DU COMMERCE EN GÉNÉRAL.

TITRE I.

DES COMMERÇANTS.

Qu'est-ce que le commerce ?

On comprend en général [1] sous ce mot les actes dont le but est de tirer un profit des produits naturels ou industriels.

---

[1] Nous disons *en général*, parcequ'il est des actes faits dans le même but, et qui pourtant ne sont point *actes de commerce*. (*Voy.* la Question suivante, et sect. 2 du liv. IV.) Voici la définition que M. Pardessus donne du commerce : « Le commerce, tel que la jurisprudence peut le considérer, consiste dans les diverses négociations qui ont pour objet d'opérer ou de faciliter les échanges des produits de la nature ou de l'industrie, dans la vue d'en tirer quelque profit. »

Quels sont ces actes?

Tout achat de denrées et marchandises pour les revendre, soit en nature, soit après les avoir travaillées et mises en œuvre, ou même pour en louer l'usage; toute entreprise de manufacture, commission, transport par terre ou par eau, de fournitures, d'agences; tout bureau d'affaires, établissement de ventes à l'encan et de spectacles publics; toute opération de change, banque et courtage (632).

Toute entreprise de construction; tout achat, vente et revente de bâtiments pour la navigation intérieure ou extérieure; toute expédition maritime; tout achat ou vente d'agrès, apparaux, avitaillement, et tout contrat relatif au commerce maritime (633).

Qu'entend-on par commerçants?

Ceux dont la *profession habituelle* est de faire des actes de commerce (1).

Tout individu peut-il être commerçant?

Oui (loi du 2 mars 1791, art. 7), mais en se conformant aux lois et règlements concernant le commerce en général, ou sa profession en particulier (loi du 1er brumaire an 7).

Le mineur peut-il faire le commerce?

Il le peut sous quatre conditions : il doit, 1° avoir dix-huit ans; 2° être émancipé; 3° autorisé par son père; par sa mère, si son père est mort, interdit ou absent; à défaut de père et mère, par délibération du conseil de famille, homologuée par le tribunal civil; 4° l'acte d'autorisation doit être enregistré et affiché au tribunal de commerce du lieu où il veut établir son domicile (2).

En quel état se trouve le mineur après ces formalités?

La loi le répute majeur pour tout engagement relatif à son commerce [1] (2, Cod. civ., 1308); il peut engager et hy-

---

pothéquer ses immeubles, mais il ne peut les aliéner qu'en observant les formalités prescrites par le Code civil pour les aliénations de biens de mineurs (6, Cod. civ., 457).

Quid si le mineur veut ne pas être commerçant, mais faire seulement un ou quelques actes de commerce ?

Il doit y être autorisé comme s'il voulait faire le commerce (3).

Les femmes peuvent-elles être commerçantes ?

Oui, mais avec le consentement de leur mari, si elles sont mariées (4)¹, et sous les mêmes conditions que le mineur, si elles n'ont pas atteint leur majorité (arrêt de Toulouse, 26 mai 1821). *Voy.* Cod. civ., 220 à 225.

Que peut faire la femme commerçante ?

S'obliger, pour ce qui concerne son négoce, sans l'*autorisation* de son mari, qu'elle oblige s'il y a communauté entre eux (5, Cod. civ., 220). Engager, hypothéquer, et même aliéner ses biens. Toutefois, si elle est mariée sous le régime dotal, ses biens stipulés dotaux ne peuvent être hypothéqués ni aliénés que dans les cas et dans les formes indiqués par le Code civil (Cod. civ., 1554 à 1559).

Pourquoi cette exception ?

Parceque le législateur n'a pas voulu que le mari, par une autorisation, pût donner lieu à l'aliénation de l'immeuble dotal (Cod. civ., 1554).

---

qu'il ne s'applique qu'aux engagements pour faits relatifs au commerce du mineur, et ce par analogie de l'art. 5 concernant la femme, et de l'ordonnance de 1673 qui portait pour *fait de leur commerce.*

¹ La loi n'exige qu'un simple consentement et non une autorisation du mari. Il suffit que la femme fasse un commerce au su de son mari et sans son opposition. (Cass. 14 nov. 1820; Sirey 1821, 1ʳᵉ part., p. 312.)

1.

La femme a-t-elle les droits ci-dessus indiqués, si elle ne fait que détailler les marchandises du commerce de son mari?

Non, elle n'est point alors réputée commerçante; pour avoir ce titre, elle doit faire un commerce séparé de celui de son mari (5, § 2, Cod. civ., 220).

TITRE II.

DES LIVRES DE COMMERCE.

Combien de livres doit avoir un commerçant?

Trois au moins; un livre journal, un livre d'inventaires et un de copies de lettres (8, 9).

Que doit contenir le livre journal d'un commerçant?

Il doit présenter, jour par jour, ses dettes actives et passives, les opérations de son commerce, ses négociations, acceptations ou endossements d'effets, et tout ce qu'il reçoit ou paie à quelque titre que ce soit; il y doit énoncer, mois par mois, les sommes employées à la dépense de sa maison (8).

Qu'est-ce que c'est que le livre des inventaires?

C'est celui dans lequel les commerçants doivent transcrire, année par année, l'inventaire de leurs effets mobiliers et immobiliers, et de leurs dettes actives et passives (9).

Quand et comment les négociants doivent-ils faire cet inventaire?

Une fois tous les ans, sous seing-privé (*ib.*).

Que doit insérer le commerçant dans son livre de lettres?

Copie de toutes les lettres qu'il envoie (8, § 2).

Doit-il copier celles qu'il reçoit?

Non ; mais il doit les mettre en liasse (*ib.*).

Quelle est la règle commune à tous les livres que doit avoir le commerçant ?

Ils doivent être tenus par ordre de dates, sans blancs, lacunes ni transports en marge (10, § 3). Ils doivent en outre être cotés et (à l'exception de celui des lettres), paraphés, et visés une fois par an , soit par un juge du tribunal de commerce, soit par le maire ou un adjoint, dans la forme ordinaire , et sans frais (11, 10).

Que doivent faire de leurs livres les négociants après les avoir remplis ?

Les conserver pendant dix ans (11)[1].

Quel effet produisent les livres régulièrement tenus?

Le juge peut les admettre pour faire preuve entre commerçants pour faits de commerce (12) (Cod. civ. , 1329).

Le juge peut-il forcer à les communiquer, ou seulement à les représenter ?

Il peut en ordonner la communication dans les affaires de succession, communauté, partage de société, et en cas de faillite[2] (14) ; mais, en tout autre contestation, il ne peut en ordonner que la représentation, à l'effet d'en extraire ce qui concerne le différent (15).

Quid si les livres à examiner se trouvent dans des lieux éloignés du tribunal saisi de l'affaire?

Les juges peuvent adresser une commission rogatoire au tribunal de commerce du lieu, ou déléguer un juge de paix pour en prendre connaissance, dresser un procès-verbal du contenu, et l'envoyer au tribunal saisi de l'affaire (16).

---

[1] On peut faire usage des livres de commerce après dix ans. (Rouen, 10 nov. 1817 ; Sirey, 1818 , part. 2, p. 68.)

[2] Cela doit s'entendre des livres exigés par la loi comme de ceux qui ne le sont pas. (*V.* MM. Montgalgy et Germain , Analyse du Code de commerce, art. 12.)

Que peut faire le juge si la partie aux livres de laquelle on offre d'ajouter foi refuse de les représenter?

Déférer le serment à l'autre partie (17).

Quid si un commerçant n'a pas les livres requis par la loi, ou si ceux qu'il a sont irrégulièrement tenus?

Dans le premier cas, il peut être poursuivi comme banqueroutier frauduleux s'il tombe en faillite (594).

Dans le second, ses livres peuvent faire foi contre lui (Cod. civ., 1330); mais il ne peut les représenter à son profit (13), et, en cas de faillite, il peut être déclaré banqueroutier simple (587, § 4); il peut même être poursuivi en banqueroute frauduleuse, si des présomptions de fraude résultent de l'irrégularité de ses livres (593, 594).

TITRE III.

DES SOCIÉTÉS DE COMMERCE.

SECTION PREMIÈRE.

Des diverses sociétés, et de leurs règles.

Par quoi se règlent les sociétés de commerce?

Par les lois civiles (18) dans les points qui n'ont rien de contraire aux lois commerciales (Code civ., 1873), et par les conventions des parties (18). (*Voy.* Code civ., au titre de la Société).

Combien y a-t-il d'espèces de sociétés de commerce?

Quatre: la société *en nom collectif*, la société *en commandite*, la société *anonyme* (19, § 1) et la société *en participation* (47).

§ Ier.

Qu'est ce que la société *en nom collectif?*

C'est celle contractée par deux personnes ou en plus

grand nombre responsables et solidaires, et dont l'objet est de faire le commerce sous une raison sociale (20).

Qu'appelle-t-on raison sociale?

Le mode convenu par les sociétaires de signer les obligations de la société.

Quels noms peuvent faire partie de la raison sociale?

Les noms des associés seuls (21).

De quelle manière sont obligés les associés **en nom collectif?**

Solidairement pour tout engagement de la société, même signé par un seul associé, pourvu que ce soit sous la raison sociale (22, § 2).

§ II.

Qu'appelle-t-on société *en commandite?*

La société entre un ou plusieurs associés **responsables et solidaires,** et un ou plusieurs associés simples bailleurs de fonds nommés *commanditaires* ou en commandite (23), et qui ne sont passibles des pertes que jusqu'à concurrence des fonds qu'ils ont mis ou dû mettre dans la société (26).

Quid s'il y a plusieurs associés, associés solidaires et en nom, et en même temps plusieurs associés simples bailleurs de fonds?

La société est en nom collectif à l'égard des premiers, et en commandite à l'égard des seconds (24).

Les noms des commanditaires peuvent-ils faire partie de la raison sociale?

Non (25). Le nom social doit être celui d'un ou plusieurs associés responsables et solidaires (23).

L'associé commanditaire peut-il faire quelque acte de gestion?

Non, même en vertu de procuration (27).

Sous quelle peine?

D'être obligé solidairement avec les associés en nom collectif, pour toutes les dettes et engagements de la société (28).

Comment peut-on diviser le capital des sociétés en commandite?

En portions nommées actions (38), et même en coupons d'action (34).

Comment peuvent être établies les actions et la propriété des actions?

Les actions sous la forme d'un titre au porteur (35), et la propriété par une inscription sur les registres de la société (36).

Comment peut-on céder ces actions?

Par la tradition du titre, si elles sont établies sous la forme d'un titre au porteur (35, § 2), et par une déclaration signée du cédant ou de son fondé de pouvoir, inscrite sur les registres de la société, si la propriété de l'action est établie par une inscription sur ces registres (36).

De quelle manière doivent être constatées et rendues publiques les sociétés soit en nom collectif, soit en commandite?

Par acte public ou sous seing privé (39), dont extrait doit être remis, dans la quinzaine de sa date, au greffe du tribunal de commerce de l'arrondissement dans lequel est établie la maison du commerce social, pour être transcrit sur le registre et affiché pendant trois mois dans la salle des audiences (42).

Quid si la société a plusieurs maisons de commerce dans divers arrondissements?

La remise, la transcription et l'affiche de cet extrait sont faites au tribunal de chaque arrondissement (*ibid.* § 2).

Sous quelle peine faut-il observer ces formalités?

Sous peine de nullité à l'égard des intéressés; mais le

défaut n'en peut-être opposé à des tiers par les associés
(*ibid.* § 3) [1].

Que doit contenir l'extrait de l'acte de société?

Les noms, prénoms, qualités et demeures des associés,
autres que les actionnaires ou commanditaires; la raison
de commerce de la société, la désignation de ceux des
associés autorisés à gérer, administrer et signer pour la
société; le montant des valeurs fournies ou à fournir par
actions ou en commandite; l'époque où la société doit
commencer, et celle où elle doit finir (43).

Par qui doit-il être signé?

S'il est public, par les notaires; s'il est privé, par tous
les associés, si la société est en nom collectif, et par les
associés solidaires ou gérants, si la société est en commandite, soit qu'elle se divise ou qu'elle ne se divise pas
en actions (44).

§ III.

Qu'est-ce que la société *anonyme?*

C'est une société où il n'y a point d'associés principaux,
dont tous les membres sont considérés comme commanditaires, qui n'a point de raison sociale et ne peut être
désignée par le nom d'aucun des associés (29).

Comment donc est désignée la société anonyme?

Par l'indication de l'objet de son entreprise (30).

Par qui est-elle administrée?

Par des mandataires à temps, révocables, associés ou
non, salariés ou gratuits (31).

---

[1] Les mots *à l'égard des intéressés* doivent-ils être entendus en ce sens
qu'un des associés ne peut demander contre l'autre l'exécution de l'acte,
ou seulement qu'aucun d'entre eux ne peut opposer l'acte aux tiers. M. Delvincourt adopte la deuxième de ces interprétations. Inst. comm. p. 25,
n° 24

En quoi diffère la responsabilité de ces gérants de celle des gérants des sociétés en nom collectif ou en commandite?

Les gérants des sociétés anonymes ne répondent que de l'exécution de leur mandat; et ils ne contractent à raison de leur gestion aucune obligation personnelle relativement aux engagements de la société (32).

En quoi diffèrent les obligations des membres d'une société anonyme, et celles des membres de société en nom collectif ou en commandite?

Les membres d'une société anonyme ne sont passibles que de la perte du montant de leur intérêt dans la société (33).

Comment est divisé le capital de la société anonyme?

En actions et même en coupons d'actions d'une valeur égale (34) dont on peut établir et transmettre la propriété comme celle des actions de sociétés en nom collectif ou en commandite.

Quelle est la condition préalable à l'existence de la société anonyme?

L'autorisation du Roi, et son approbation pour l'acte qui la constitue. Cette approbation est donnée dans la forme prescrite pour les règlements d'administration publique (37).

Comment doit être l'acte constitutif d'une société anonyme?

Authentique (40), à la différence de ceux constatant les autres sociétés qui peuvent être sous seings privés (39).

De quelle manière doit-il être publié?

Par affiche, comme celui des autres sociétés et pendant le même temps, avec ordonnance du Roi, autorisant la société (45).

Quelle est la règle commune aux sociétés soit anonymes, soit en nom collectif, soit en commandite, qui continuent d'exister après leur terme expiré?

Leur continuation doit être constatée par une déclaration des associés, qui doit être affichée comme l'acte constitutif de société (46).

Quid relativement aux actes portant dissolution d'une société avant le terme fixé pour sa durée par l'acte constitutif, ou nouvelles stipulations, retraites d'associés, changement quelconque à la raison de société?

Ils sont soumis aux formalités prescrites pour l'acte constitutif (*ibid.* § 2).

Sous quelle peine?

Sous peine de nullité à l'égard des tiers. Mais le défaut des formalités ne peut être opposé aux tiers par les associés (*ibid.* § 2. 42, § 3). v. note de la page 9.

La preuve par témoins est-elle admissible contre et outre le contenu des actes de société, ou sur ce qui serait allégué avoir été dès avant l'acte, lors de l'acte ou depuis?

Non, lors même qu'il s'agit d'une somme au-dessous de 150 fr. (41).

§ IV.

Quel est le caractère distinctif de la société en participation?

C'est qu'elle a lieu pour les objets, dans les formes, avec les proportions d'intérêt et aux conditions convenus entre les participants (48). Elle n'est pas sujette aux formalités prescrites pour les autres sociétés (50), et elle peut être constatée par la représentation des livres, de la correspondance, ou par la preuve testimoniale, si le tribunal juge qu'elle peut être admise (49).

Pourquoi la preuve par témoins est-elle admise relativement aux sociétés en participation?

Parceque ces sociétés n'ont lieu que pour une ou plusieurs opérations passagères, et se font le plus souvent verbalement [1].

SECTION II.

Des contestations entre associés, et de la manière de les décider.

Par qui doivent être jugées les contestations, pour raison de la société, entre associés ou héritiers d'associés?

Par des arbitres (51), (62) [2].

Par qui et comment se fait la nomination des arbitres?

Par les associés, par acte privé, notarié, ou extrajudiciaire, ou par consentement donné en justice (53).

Quid, en cas de refus d'un ou de plusieurs associés?

Les arbitres sont nommés d'office par le tribunal de commerce (55) [3].

Quand les arbitres doivent-ils juger?

Dans le délai fixé par les parties, lors de leur nomination, à défaut de quoi, ou d'accord sur le délai, il est fixé par le tribunal (54).

Les arbitres peuvent-ils être révoqués pendant le délai de l'arbitrage?

---

[1] Les membres d'une société en participation ne sont pas tenus solidairement des engagements contractés par l'un des associés même pour l'association. (C. Cass., 9 janvier 1821; Sirey, 1822, p. 77, 1re part.)

[2] Les arbitres doivent juger les contestations sur l'exécution et la liquidation de la société: mais la connaissance de l'existence même ou de la validité de la société appartient aux tribunaux de commerce. (Toulouse, 5 janv. 1824; Annales commerciales, t. 1, p. 224.)

[3] Une partie ne peut empêcher la nomination de l'arbitre choisi par son adversaire. (C. Cass., 9 avril 1816; Annales commerciales, par MM. Roger et Garnier, t. 1, p. 312. Voy. *ibid.*, p 161, 255, 302, 500, Solutions de plusieurs questions sur les arbitrages.)

Ils peuvent l'être du consentement unanime des parties, lorsque toutes les parties les ont nommés. (Cod. de procéd., 1008).

Peuvent-ils se déporter?

Ils ne le peuvent qu'avant le commencement de leurs opérations. (Cod. procéd. 1014.)

Peut-on les récuser, et pour quelles causes?

Pour les mêmes causes que les juges. (*Voy.* Cod. de procéd., 378 [1].)

Que doivent faire les parties après leur nomination?

Leur remettre leurs pièces et mémoires sans formalité de justice (56).

Quid, s'il y a retard sur ce point par quelque associé?

Il est sommé de faire sa remise dans dix jours (57); mais les arbitres peuvent, suivant l'exigence des cas, proroger le délai (58).

Quid, s'il n'y a renouvellement de délai, ou si le nouveau délai est expiré?

Les arbitres jugent sur les seules pièces et mémoires remis (59) (Cod. de procéd., 1016).

Quelles formes et délais doivent observer les parties et les arbitres?

Ceux établis pour les tribunaux de commerce, sauf convention contraire entre les parties (Cod. de procéd., 1009).

---

[1] Mais s'ils ont été choisis par toutes les parties, quoiqu'elles fussent forcées de prendre des arbitres, ils ne peuvent être récusés que pour cause postérieure à leur nomination. (Cod. de procéd. 1014.) Dans quel délai peut-on récuser les arbitres? Selon M. Locré, conformément à l'art. 382 du Code de procéd.; il semble à M. Delvincourt qu'il conviendrait de suivre ici les art. 309 et 385 du même Code, à cause de la célérité qu'exigent les affaires de commerce, p. 33, note 2. On peut prendre les arbitres à partie comme les autres juges. (C. Cass., 7 mai 1817; Sirey, t. 17, p. 247, 1re part.)

Par qui sont faits les actes d'instruction ?

Par tous les arbitres, si les parties ne les autorisent à commettre l'un d'entre eux. (Code de procéd. , 1011.)

Quid, s'il y a partage d'opinion entre les arbitres ?

Ils nomment un sur-arbitre, s'il n'est nommé par le compromis ; s'ils sont discordants sur le choix, le sur-arbitre est nommé par le tribunal de commerce (60), à la requête de la partie la plus diligente. (Cod. de procéd., 1017, § 2.)

Que doivent faire les arbitres dans tous les cas ?

Rédiger leur avis et motivé, soit dans le même procès-verbal, soit dans des procès-verbaux séparés. (Code de procéd. , 1017, § 3.)

Dans quel délai doit juger le sur-arbitre ?

Dans celui fixé par les parties , ou par le juge , si elles n'en ont point fixé (Arg. de 54).

Que doit faire le sur-arbitre avant de donner son avis ?

Conférer avec les arbitres divisés, sommés de se réunir à lui (Cod. de procéd. , 1018).

Quid, s'ils n'obéissent pas tous à la sommation ?

Le sur-arbitre prononce seul , mais conformément à l'un des avis des autres arbitres (Cod. de procéd., 1018).

D'après quelles règles doivent juger les arbitres et sur-arbitre ?

D'après celles du droit, à moins que les parties ne les aient autorisés à juger comme amiables compositeurs (Cod. de procéd., 1019).

Que doit porter le jugement arbitral ?

Ses motifs (61).

Que doivent faire les arbitres après l'avoir rendu ?

Le déposer au greffe du tribunal de commerce. (*Ib.*, § 2.)

Comment et quand est-il rendu exécutoire ?

Sans modification , après la transcription sur les registres, en vertu d'une ordonnance du président du tribunal, pure et simple, et rendue dans les trois jours du dépôt au greffe (61).

Les jugements arbitraux sont-ils exécutoires par provision ?

Oui, dans les mêmes cas que les jugements des tribunaux (Cod. de procéd., 1024, 439).

Quelles voies a-t-on contre le jugement arbitral ?

L'appel devant la cour royale, et le pourvoi en cassation, à moins qu'il n'y ait eu renonciation (52) [1].

En quel cas la renonciation est nulle ?

C'est lorsqu'elle est faite par le tuteur d'un mineur intéressé au procès (63).

Les jugements arbitraux sont-ils sujets à l'opposition ?

Non (Cod. de procéd., 1016, § 3); mais on peut se pourvoir par opposition à l'ordonnance d'exécution devant le tribunal qui l'a rendue, et demander la nullité de la décision arbitrale (Cod. de procéd., 1028) [2].

Dans quels cas ?

Quand la nomination des arbitres n'a pas été faite légalement, quand le jugement a été rendu après l'expiration des délais ;

Quand il a été rendu sur une question non soumise aux arbitres ;

Quand il ne l'a été que par quelques arbitres non autorisés à juger en l'absence des autres ;

Quand il l'a été par un sur-arbitre sans avoir conféré avec les autres arbitres ;

Enfin, s'il a été prononcé sur choses non demandées. (*Ib.*)

____

[1] Les cours et les auteurs sont divisés sur la question de savoir si l'on peut se pourvoir en requête civile contre les jugements arbitraux.

[2] Jusques à quand ? jusqu'au commencement de l'exécution du jugement. M. Delvincourt, p. 36, not. 3.

Quand une société est dissoute, par quel délai se prescrivent les actions contre les associés ?

Par trente ans contre ceux chargés de liquider la société, et par cinq ans contre les associés non liquidateurs, leurs veuves, héritiers ou ayants cause, à compter de la dissolution de la société (64).

Mais que faut-il pour que ces derniers puissent opposer la prescription de cinq ans ?

Que l'acte qui énonce la durée de la société, ou l'acte de dissolution ait été affiché et enregistré (V. 42), et que depuis cette formalité remplie, la prescription n'ait été interrompue à leur égard par aucune poursuite judiciaire(64).

TITRE IV.

DES SÉPARATIONS DE BIENS.

Que doit-on faire quand se marient deux personnes, dont l'une est commerçante ?

Leur contrat de mariage doit, dans le mois de sa date, être transmis par extrait aux greffes des tribunaux civil et de commerce, et aux chambres des avoués et notaires du domicile du mari (67, Cod. de procéd., 872).

Quid, s'il n'y a pas de tribunal de commerce au domicile du mari ?

L'extrait doit être remis à la mairie de ce domicile (*Ib.*).

Qui doit faire la remise de l'extrait ?

Le notaire qui a reçu le contrat de mariage (68).

Sous quelle peine ?

De 100 francs d'amende, et même de destitution et de

responsabilité envers les créanciers, s'il est prouvé que l'omission soit la suite d'une collusion.

Que doit énoncer l'extrait déposé par le notaire ?

Si les époux sont mariés en communauté, s'ils sont séparés de biens, ou s'ils ont contracté sous le régime dotal (67).

Quid après la remise de l'extrait ?

Il est exposé, pendant un an, dans l'auditoire des tribunaux civil et de commerce ci-dessus, et s'il n'y a pas de tribunal de commerce, dans la principale salle de la maison commune du domicile du mari. On l'affiche encore dans la chambre des avoués et notaires, s'il y en a (Cod. de procéd. , 872).

Que doit faire tout époux, séparé de biens, ou marié sous le régime dotal, qui embrasse la profession de commerçant, postérieurement à son mariage ?

Remettre l'extrait de son contrat de mariage dans les formes et lieux ci-dessus (69).

Dans quel délai et sous quelle peine ?

Dans le mois du jour où il aura ouvert son commerce, à peine, en cas de faillite, d'être puni comme banqueroutier frauduleux (69) [1].

A quelles formalités sont soumises les demandes en séparation, entre époux commerçants ?

Toute demande est poursuivie, instruite et jugée, selon les Codes civil et de procédure (65).

Quid si le jugement prononçant la séparation de corps ou de biens, n'est pas revêtu des formalités voulues par le Code de procédure (66) ?

---

[1] Cette peine ne peut être prononcée contre les époux séparés judiciairement. (C. Cass., 9 septemb. 1815. Annales comm., tom. 1, p. 14.)

Les créanciers sont toujours admis à s'y opposer, pour ce qui touche leurs intérêts, et à contredire toute liquidation qui en a été la suite (66).

TITRE V.

DES BOURSES DE COMMERCE, AGENTS DE CHANGE ET COURTIERS.

SECTION PREMIÈRE.

Des Bourses de commerce.

Qu'est-ce qu'une bourse de commerce ?

La réunion qui a lieu, sous l'autorité du gouvernement, des commerçants, des capitaines de navires, agents de change et courtiers, pour affaires de commerce (71).

Que produit le résultat des négociations et transactions qui s'opèrent dans la bourse ?

Il détermine le cours du change, des marchandises, des assurances, du fret ou nolis, du prix des transports par terre ou par eau, des effets publics, et autres dont le cours est susceptible d'être coté (72).

Comment et par qui sont constatés ces divers cours ?

Par les agents de change et courtiers, dans la forme prescrite par les règlements de police généraux ou particuliers (73).

Comment se font les négociations et transmissions d'effets publics ?

Selon des règlements d'administration publique (90).

Peut-on s'assembler ailleurs qu'à la bourse et à d'autres

heures que celles fixées par les règlements de police pour faire des négociations ?

Non.

Sous quelle peine ?

De destitution contre les agents de change et courtiers ; et contre les autres citoyens , sous peine d'une amende payable par corps qui ne peut être au-dessus du sixième , ni au-dessous du douzième du cautionnement des agents et courtiers , selon que la négociation est dans les attributions des premiers ou des seconds (art. 4 de l'arrêté du 27 prairial an 10, et 8 de la loi du 28 ventôse an 9). Les prévenus peuvent, en outre , être exclus de la bourse, en cas de récidive (art. 5 de l'arrêté du 27 prairial an 10).

Tous les commerçants peuvent-ils entrer à la bourse ?

Oui : mais les faillis n'y ont entrée qu'après avoir obtenu leur réhabilitation (614).

SECTION II.

Des Agents de change et Courtiers.

§ Ier.

A qui donne-t-on le nom d'agents de change et de courtiers ?

A des agents intermédiaires reconnus par la loi ' dans les

' Tout individu qui exerce les fonctions d'agent de change ou de courtier sans en avoir le titre , est puni de l'amende indiquée à la section précédente. Il peut , en cas de récidive, être déclaré , par le gouvernement, incapable d'obtenir le titre d'agent de change ou de courtier. (Arrêté du 27 prairial an 10.) Mais toute personne peut négocier les effets qu'elle garantit par son endossement (ib.). La profession d'agent de change est libre dans les villes où il n'y a pas de bourse. (M. Pardessus, tom. 1 , n° 121.)

2.

bourses, pour faciliter les opérations des négociants en s'interposant entre eux (74).

Par qui et pour quels lieux sont-ils nommés?

Par le Roi, dans toutes les villes qui ont une bourse de commerce [1] (75).

Qui ne peut être agent de change ni courtier?

L'étranger non naturalisé (art. 7 de l'acte du 29 germinal an 9), le failli non réhabilité (83) et celui qui s'est rendu coupable par récidive d'en avoir exercé les fonctions sans en avoir le titre (arrêté du 27 prairial, an 10, art. 5).

En quoi diffèrent les agents de change des courtiers?

Les agents de change ont seuls le droit de faire des négociations des effets publics, et autres susceptibles d'être cotés; de faire, pour le compte d'autrui, les négociations de lettres de change, billets et de tout papier commerçable, ainsi que d'en constater le cours (76).

Ils peuvent aussi, concurremment avec les courtiers de marchandises, faire les négociations et le courtage des ventes ou achats de matières métalliques, dont ils ont *seuls* le droit de constater le cours (*ib.*, § 2).

Les courtiers de commerce s'entremettent spécialement pour les achats et ventes de marchandises, les contrats d'assurance, d'affrètement ou de transport, ou pour l'interprétation des actes de commerce, écrits en langues étrangères (77).

Peut-on être à la fois agent de change et courtier?

Oui, si l'on y est autorisé par le gouvernement (81).

Que doivent fournir les agents de change et les courtiers pour garantir l'exécution des jugements qui peuvent être prononcés contre eux, à raison de leurs fonctions?

Un cautionnement de 2 à 12,000 francs pour les courtiers, et de 6 à 60,000 francs pour les agents de change, selon l'importance des villes où ils demeurent (loi du 28 ventôse an 9, art. 9).

Quid lorsque ce cautionnement est consommé ou entamé par l'effet de condamnations?

Le courtier ou l'agent est suspendu de ses fonctions jusqu'à ce qu'il l'ait complété ou renouvelé, et l'on affiche son nom à la bourse durant sa suspension (arrêté du 26 germ. an 9, art. 12; du 29 prair. an 10, art. 13).

Les courtiers et agents doivent-ils avoir des livres?

Ils doivent en avoir un dans les mêmes formes que ceux des autres négociants (84).

Que doivent-ils y consigner?

Toutes les conditions des ventes, achats, assurances, négociations, et en général de toutes les opérations faites par leur ministère, jour par jour, par ordre de dates, sans ratures, interlignes ni transpositions et sans abréviations ni chiffres (*ib.* § 2).

Que doivent-ils avoir outre ce livre?

Des carnets sur lesquels ils inscrivent chaque opération à mesure qu'elle a lieu et qu'ils doivent présenter aux juges ou aux arbitres en cas de réquisition (arrêté de l'an 10).

Que peuvent exiger ceux qui leur confient des effets?

Reconnaissance de ces effets (*ib.*)

Que doit observer l'agent de change envers ceux qui le chargent de négociations?

Le secret le plus inviolable (*ib*).

Quid si un agent de change ou courtier reçoit des droits plus forts que ceux que lui attribue le tarif arrêté par les tribunaux de commerce?

Il est poursuivi comme **concussionnaire** (*ib.*).

Que défend encore la loi aux courtiers et aux agents?

Toute opération de commerce ou de banque pour leur compte (85). Ils ne peuvent non plus s'intéresser directement ni indirectement sous leur nom ou sous un nom interposé dans aucune entreprise commerciale ; ils ne peuvent non plus *ni payer ni recevoir* [1] pour le compte de leurs commettants (*ib.* § 3), ni garantir l'exécution des marchés dans lesquels ils s'entremettent (86).

Sous quelle peine ?

De destitution, et d'une amende de 3,000 fr. au plus, qui est prononcée par le tribunal de police correctionnelle, sans préjudice de l'action des parties en dommages intérêts (87).

Peuvent-ils être réintégrés dans leur fonctions s'ils ont été destitués ?

Non (88).

Quid s'ils tombent en faillite ?

Ils sont poursuivis comme banqueroutiers (89), et condamnés aux travaux forcés à temps ; s'ils sont convaincus de banqueroute frauduleuse, ils sont condamnés aux travaux forcés à perpétuité (Cod. pén., 404).

Pourquoi ?

Parce qu'ils n'ont fait faillite que par leur faute, attendu qu'il leur était défendu de faire des opérations pour eux-mêmes (86).

L'agent de change répond-il de toutes les signatures des effets qu'il négocie ?

Il répond de la vérité de la dernière.

§ II.

Des courtiers spécialement.

En combien de classes divise-t-on les courtiers ?

---

[1] Il ne faut pas prendre ces mots à la lettre, qui signifient seulement qu'un agent de change ne peut avoir de compte courant avec ses commettants (M. Delvincourt , not. 2 de la pag. 42).

En quatre. Il y a 1°, des courtiers de marchandises ; 2° des courtiers d'assurances ; 3° des courtiers interprètes et conducteurs de navires ; 4° des courtiers de transports par terre et par eau (77) [1].

Peut-on cumuler les fonctions de diverses espèces de courtiers ?

Oui, mais avec l'autorisation du gouvernement (81). Cependant les courtiers de transport ne peuvent exercer aucun autre courtage (82).

En quoi consistent les droits des courtiers de marchandises ?

A faire seuls le courtage des marchandises, et à en constater le cours (78); ils peuvent aussi, *concurremment* avec les agents de change, faire celui des matières métalliques, mais les agents de change peuvent seuls en constater le cours (*ib.* 76).

Que font les courtiers d'assurances ?

Ils rédigent les contrats ou polices d'assurances concurremment avec les notaires ; ils en attestent la vérité par leur signature, et certifient le taux des primes pour tous les voyages de mer ou de rivière (79).

En quoi consistent les fonctions des courtiers interprètes et *conducteurs* de navires ? [2].

Ils font le courtage des affrètements; ils ont en outre seuls le droit de traduire, en cas de contestations portées devant les tribunaux, les déclarations, chartes-parties, connaissements, contrats et tous actes de commerce dont la traduction est nécessaire ; de constater le cours du fret

---

[1] Il y a pour l'entrepôt de vins de Paris des courtiers nommés *gourmets-piqueurs*. (Voy. leurs droits, décret du 15 décembre 1813, n° 9950.)

[2] On les nomme conducteurs, du mot *conductor*, parce qu'ils font les louages de navires.

ou du nolis ; enfin dans les affaires contentieuses de commerce, et pour le service des douanes, ils servent seuls de truchement à tous étrangers maîtres de navire, marchands, équipages de vaisseaux et autres personnes de mer (80).

Quels sont les droits des courtiers de transport ?

Ils peuvent seuls, dans les lieux où ils sont établis, faire le courtage des transports par terre et par eau (82)

TITRE VI.

DES COMMISSIONNAIRES.

SECTION PREMIÈRE.

Qu'appelle-t-on un commissionnaire ?

En général celui qui agit pour le compte d'un commettant, mais spécialement celui qui agit pour un commettant *en son propre nom* ou sous un nom social.

Quelle différence y a-t-il entre le commissionnaire agissant *en son propre nom* et celui qui agit au nom de son commettant ?

C'est que les tiers traitant directement avec le premier, n'ont que lui pour obligé, tandis que le commissionnaire n'agissant point en son propre nom, ne contracte aucune obligation personnelle ; et les tiers ne peuvent poursuivre que son commettant.

Par quelles lois se règlent les droits et devoirs du commissionnaire agissant au nom du commettant ?

Par le Code civil, au titre du mandat (92).

Combien distingue-t-on d'espèces de commissionnaires ?

Il y a, 1° des commissionnaires acheteurs ; 2° des commissionnaires vendeurs ; 3° des commissionnaires d'entrepôt, c'est-à-dire qui reçoivent des marchandises passant dans leur ville; 4° des commissionnaires qui reçoivent des effets pour les faire payer et disposer du montant selon l'ordre de leurs commettants; 5° des commissionnaires de roulage, qui transportent des marchandises par terre et par eau.

De quel privilége jouit le commissionnaire vendeur?

Il peut, sur la valeur des marchandises à lui expédiées pour être vendues, se faire rembourser par privilége les avances qu'il a faites pour ces marchandises (93).

Mais sous quelles conditions peut-il exercer ce droit?

Il faut, 1° que l'expéditeur des marchandises ne réside pas dans le même lieu que lui (93) [1], sans quoi tous prêts, avances ou paiements faits par le commissionnaire ne lui donnent privilége qu'autant qu'il s'est conformé aux dispositions prescrites par le Code civil pour les prêts sur gages ou nantissements (95) (*Voy.* Cod. civ., 2074); il faut, 2° que les marchandises soient à la disposition du commissionnaire, dans ses magasins, ou dans un dépôt public, ou si elles ne sont pas arrivées, qu'il constate, par un connaissement ou par une lettre de voiture, l'expédition qui lui en a été faite (93).

Quid si les marchandises ont été vendues et livrées pour le compte du commettant?

Le commissionnaire exerce son privilége sur le produit de la vente (94).

SECTIONS II et III.

Des commissionnaires pour les transports par terre et par eau; du voiturier.

Quelle différence y a-t-il entre l'entrepreneur de transports et le voiturier?

---

[1] Pourquoi cela? parce que, dans le cas contraire, l'utilité du com-

Le premier se charge de faire transporter les marchandises, le second les transporte lui-même.

Que doivent-ils faire tous les deux quand ils se chargent d'un transport?

Inscrire sur un livre journal la déclaration de la nature et de la quantité des marchandises, et, s'ils en sont requis, de leur valeur (96, 107; Cod. civil, 785).

Comment se forme le contrat de transport entre *l'expéditeur et le voiturier*, si l'expéditeur s'adresse directement à ce dernier, ou entre le commissionnaire chargé par l'expéditeur, et le voiturier?

Par un acte nommé lettre de voiture (100) [1].

Que doit énoncer la lettre de voiture?

Sa date, la nature et le poids ou la contenance des objets à transporter, le délai dans lequel le transport doit être fait, le nom et le domicile du commissionnaire par l'entremise duquel le transport s'opère, s'il y en a un; le nom de celui à qui la marchandise est adressée, le prix de la voiture, l'indemnité due pour cause de retard, la signature de l'expéditeur ou du commissionnaire, et en marge les marques et numéros des objets à transporter (102).

Que doit faire le commissionnaire avant de livrer la lettre de voiture?

La copier sans intervalle et de suite sur un registre côté et paraphé (*ibid.* 96).

De quoi sont garants les commissionnaires et les voituriers?

---

missionnaire n'est pas assez grande pour lui donner un droit exorbitant comme un privilége, le propriétaire des marchandises pouvant les garder chez lui.

[1] Dans le cas où la lettre de voiture est faite entre le commissionnaire et le voiturier, elle ne peut avoir d'effet entre l'expéditeur et le commissionnaire soumis à la convention faite entre eux, et indépendante de la lettre de voiture.

De l'arrivée dans le délai fixé par la lettre de voiture (97), des avaries et de la perte des objets à transporter, s'il n'y a stipulation contraire dans la lettre de voiture ni force majeure (97) légalement constatée (103-105).

Envers qui sont-ils sujets à cette garantie?

Le commissionnaire l'est toujours envers l'expéditeur; le voiturier l'est envers l'expéditeur s'il a été chargé directement par lui, et envers le commissionnaire s'il a été chargé par celui-ci, qui est lui-même garant envers l'expéditeur.

Quid si le commissionnaire adresse les marchandises à des commissionnaires intermédiaires?

Il est garant de leur fait (99).

Aux risques de qui voyage la marchandise sortie du magasin du vendeur ou de l'expéditeur?

Aux risques de celui à qui elle appartient, sauf convention contraire et son recours contre le commissionnaire et le voiturier chargés du transport (100).

Quid en cas de refus ou contestation pour la réception des objets par celui à qui ils sont adressés?

Leur état est vérifié et constaté par experts que nomme, par ordonnance au pied d'une requête, le président du tribunal de commerce, ou à son défaut le juge de paix (106).

Le dépôt en un lieu public, ou séquestre des effets, peut être ordonné pendant le débat.

Que peut-il être ordonné en faveur des voituriers?

Que les effets soient vendus jusqu'à concurrence du prix de la voiture (*ib.*).

En quel cas n'a-t-on plus d'action contre le voiturier ou le commissionnaire?

Lorsqu'on a reçu les objets, et qu'on lui a payé le prix de la voiture (105) [1], ou lorsque six mois se sont écou-

---

[1] La réception des objets et le paiement du prix de la voiture n'éteignent

lés sans réclamation, pour les expéditions faites dans l'intérieur de la France ; ou un an pour les expéditions faites à l'étranger (108).

De quand courent ces délais ?

Pour les cas de perte, du jour où le transport des marchandises aurait dû être effectué, et pour les cas d'avaries, du jour où la remise des marchandises aura été faite, pourvu qu'il n'y ait eu ni fraude ni infidélité (108).

TITRE VII.

DES ACHATS ET VENTES.

Comment se prouvent les ventes et achats commerciaux ?

Par acte public ou sous seing privé ;

Par les bordereaux ou arrêtés des agents de change, ou courtiers, signés par les parties ;

Par factures acceptées ;

Par la correspondance ;

Par les livres des parties ;

Par la preuve testimoniale, quand le tribunal croit pouvoir l'admettre (109) [1].

---

point l'action contre le voiturier qui a dissimulé l'avarie arrivée par sa faute, et que l'état extérieur des marchandises n'a pu faire soupçonner. C. Cass., 5 avril 1824 ; Annales commerciales, t. 1, p. 219.)

[1] Pour tout autre acte les tribunaux peuvent admettre la preuve testimoniale si la loi n'exige pas d'autre preuve. (*Voy.* C. Cass., 1 août 1810, 11 nov. 1813). Ils peuvent même s'appuyer sur des présomptions en tous cas non exceptés par le législateur. (*Voy.* Annal. commerc., t. 1, p. 1 à 9.)

TITRE VIII.

DE LA LETTRE DE CHANGE ET DU BILLET A ORDRE.

SECTION PREMIÈRE.

Qu'est-ce qu'une lettre de change?

C'est une lettre par laquelle une personne d'un lieu ordonne à son correspondant d'un autre lieu, de payer à un tiers ou à l'ordre d'un tiers une somme qu'elle a reçue de celui-ci [1].

Comment appelle-t-on celui qui donne la lettre de change?

Le tireur.

Comment nomme-t-on celui à qui elle est donnée?

Le donneur de valeur, preneur ou porteur.

Comment nomme-t-on celui qui doit la payer?

Le tiré.

Entre qui peut avoir lieu le contrat de change?

Entre tous individus capables de contracter.

Mais produit-il le même effet à l'égard de tous?

La signature des femmes et filles non négociantes ni marchandes publiques sur lettres de change ne vaut à leur égard que comme simple promesse (113) [2].

---

[1] La lettre de change s'appelle aussi *traite* par rapport au tireur, et *remise* à l'égard de celui à qui elle est donnée.

[2] C'est-à-dire qu'elle ne les soumet ni à la juridiction commerciale ni à la contrainte par corps. (*Voy.* tit. 2 du 4ᵉ livre.)

Quid des lettres de change souscrites par des mineurs ?

S'ils ne sont pas négociants, elles sont nulles sous tous les rapports à leur égard ; mais le porteur peut demander civilement les valeurs qu'ils ont reçues , en prouvant qu'ils en ont profité (114 ; Cod. civ. 1322).

§ Ier.

Formes de la lettre de change.

Quelles sont les formes prescrites pour la lettre de change ?

1° La lettre de change doit être datée [1] et tirée d'un lieu sur un autre [2] ; elle doit énoncer la somme à payer , le nom de celui qui doit payer , l'époque et le lieu où le paiement doit s'effectuer , la valeur fournie en espèces , en marchandises , en compte ou de toute autre manière [3] ; à qui ou à l'ordre de qui doit se faire le paiement ; si elle est par première , deuxième , troisième , etc. [4]

La lettre de change doit-elle être toujours payable chez l'individu sur qui elle est tirée ?

Non, elle peut être payable au domicile d'un tiers (111).

Doit-elle toujours être tirée pour le compte de celui qui la donne ?

---

[1] La date est nécessaire pour reconnaître la capacité ou l'incapacité du tireur au moment où il a tiré la lettre. (*Voy.* art. 442 , 445).

[2] Le tireur peut tirer sur lui-même pourvu qu'il y ait remise de place en place. (C. Cass., 1er mai 1809).

[3] Les mots *valeur en moi-même*, *valeur entendue* ne suffisent pas , parce qu'ils n'indiquent point que la valeur a été fournie par celui au profit de qui la lettre est tirée. (C. Cass., 28 juillet 1813 ; Sirey, t. 15, p. 1, p. 126).

[4] Quand on craint que la lettre ne se perde, on en fait plusieurs exemplaires et l'on indique sur chacun s'il est le 1er, 2e, 3e, etc. Le Code exige cette indication, parcequ'autrement le tiré pourrait payer plusieurs fois la même lettre.

Non, elle peut l'être par l'ordre ou pour le compte d'un tiers (*ib.*).

Quid s'il y a supposition de nom, de qualité, de domicile, du lieu d'où la lettre est tirée, ou du lieu où elle est payable ?

Là lettre n'est réputée que simple promesse (112), et on n'y peut appliquer les dispositions établie pour les lettres de change.

§ II. (V^e DU CODE.)

De l'échéance.

De combien de manières peut être fixée l'époque du paiement de la lettre de change ?

1° A vue, c'est-à-dire au moment de la présentation de la lettre (129), à un ou plusieurs jours, à un ou plusieurs mois de vue ou de date ; les mois sont tels qu'ils sont fixés par le calendrier grégorien (132, § 2) [1];

A une ou plusieurs usances de vue ou de date (129), l'usance est un espace de trente jours (132, § 1).

De quand courent les jours, mois ou usances ?

Du lendemain de la date de l'acceptation ou de celle du protêt faute d'acceptation [2] si la lettre est tirée à jours, mois ou usances de vue, (131) et du lendemain de la date de la lettre si elle est tirée à jours, mois ou usances de date (132).

---

[1] Une lettre tirée le 28 février d'une année non bissextile à un mois de date, doit être payée le 28 mars suivant (C. Cass., 13 août 1817, et 21 juillet 1818; Sirey, t. 17, p. 382, 19, 237).

[2] *Voy.* ce que c'est que l'acceptation et le protêt, § 6 et 11 de ce titre.

De quelle autre manière peut être indiquée la date du paiement ?

A jour *fixe et déterminé*, ou en foire. Dans le premier cas la lettre est payable le jour fixe ; dans le second, elle l'est le jour de la foire si elle ne dure qu'un jour, ou la veille du jour fixé pour la clôture de la foire si la foire dure davantage (133).

Quid si l'échéance de la lettre est à un jour férié légal ?

Elle est payable la veille (134).

Quid relativement aux délais de grâce, de faveur, d'usage ou d'habitude locale pour le paiement des lettres de change ?

Ils sont tous abrogés (135).

§ III. (VIe DU CODE.)

De l'endossement.

Comment peut se transmettre la propriété d'une lettre de change ?

Par la voie de l'endossement (136), c'est-à-dire par la cession qu'en fait le propriétaire sur le dos même de la lettre.

Quelles sont les formalités prescrites pour l'endossement ?

Il doit être daté [1], et énoncer la valeur fournie, et le nom

---

[1] Même raison que pour la date de la lettre. (*Voy.* art. 442).

La lettre peut-elle être endossée valablement après son échéance ? non, selon tous les auteurs et les arrêts des cours de Paris des 24 janvier 1809 et 7 janvier 1815, de Limoges, du 13 juillet 1820 ; oui, selon les arrêts de la Cour de cassation du 28 novembre 1821, et de Nîmes, du 30 août 1824. (*Voy.* Ann. commerciales, t. 2, p. 80.)

de celui à l'ordre de qui il est passé, c'est-à-dire à qui se fait la cession (137).

Quid si l'endossement n'est pas conforme à ces dispositions ?

Il n'opère point le transport de la lettre, et il ne vaut que comme procuration (138), à l'effet de toucher pour compte du vrai propriétaire [1].

Quid s'il y a antidate dans l'endossement ?

Celui qui l'a faite peut être poursuivi comme faussaire (139).

L'endosseur n'est-il obligé qu'à transmettre la propriété de la lettre au cessionnaire ?

Non ; il est encore garant solidaire avec le tireur ou les endosseurs précédents, de l'acceptation et du paiement de la lettre à l'échéance (118), et ce sans préjudice de l'action qu'a le cessionnaire contre le tiré qui a accepté la lettre (140).

§ IV. (VIIIe DU CODE.)

De l'aval.

Quest-ce que l'aval ?

L'acte par lequel un tiers garantit le paiement d'une lettre de change (141).

Comment peut-il être fait ?

Sur la lettre même, ou par acte séparé (142).

Quelle est l'obligation du donneur d'aval ?

Il est tenu solidairement et par les mêmes voies que les tireur et endosseurs, sauf conventions contraires des parties (142).

---

[1] Ainsi le porteur d'une lettre irrégulièrement endossée ne peut compenser sa dette avec le montant de l'effet (C. Cass. 10 septemb. 1812, 29 mars 1813).

§ V. (IIe DU CODE.)

De la provision.

Qu'appelle-t-on la provision ?

Une somme suffisante qui doit être entre les mains du tiré pour le paiement de la lettre de change.

Par qui doit-elle être faite ?

Par le tireur ou par celui pour le compte de qui la lettre est tirée, sans que le tireur cesse d'être personnellement obligé (115), mais envers les endosseurs et le porteur seulement (loi du 19 mars 1817).

Quand le tiré ne peut-il refuser de payer pour défaut de provision ?

Quand il a accepté la lettre (121).

Que prouve contre lui cette acceptation ?

Provision à l'égard des endosseurs et du porteur, mais non à l'égard du tireur, qui, soit qu'il y ait ou non acceptation, doit prouver en cas de dénégation que le tiré avait provision à l'échéance ; sinon il est tenu de garantir le paiement quoique le protêt soit fait après les délais fixés par la loi. (*Voyez* § 10 de ce titre, art. 170 et 117.)

§ VI. (IIIe DU CODE.)

De l'acceptation.

Qu'est-ce que l'acceptation ?

C'est la promesse de payer la lettre de change, par celui sur qui elle est tirée.

Le porteur doit-il nécessairement faire accepter la lettre de change avant d'en demander le paiement ?

Non, à moins qu'elle ne soit à vue, ou à un ou plusieurs jours, ou mois, ou usances de vue.

Pourquoi le porteur doit-il présenter la lettre dans le cas où elle est à vue, ou à plusieurs jours, mois ou usances de vue?

Parcequ'alors le jour du paiement est fixé par celui de la présentation, et que la loi veut que la présentation ait lieu dans un délai certain, afin que le porteur ne prolonge pas par sa négligence la garantie que lui doivent les tireur et endosseurs.

De combien est ce délai?

Il est de six mois à partir de la date de la lettre, quand la lettre est tirée du continent ou des îles de l'Europe, et payable dans les possessions européennes de France [1]; de huit, pour la lettre tirée des Échelles du Levant ou des côtes septentrionales de l'Afrique, sur les possessions européennes de France; et réciproquement du continent et des îles de l'Europe, sur les établissements français aux Échelles du Levant ou aux côtes septentrionales de l'Afrique.

Le délai est d'un an pour les lettres tirées des côtes occidentales de l'Afrique, jusques et compris le cap de Bonne-Espérance; il est aussi d'un an pour les lettres tirées du continent et des îles des Indes occidentales, sur les possessions européennes de la France; et réciproquement du continent et des îles de l'Europe, sur les possessions françaises ou les établissements français aux côtes occidentales de l'Afrique, au continent et aux îles des Indes occidentales.

---

[1] La même déchéance a lieu contre le porteur d'une lettre à vue, à un ou plusieurs jours, mois, ou usances de vue, tirée de France, des possessions ou établissements français, et payable dans les pays étrangers, qui n'en exigera pas le paiement ou l'acceptation dans les délais ci-dessus prescrits pour chacune des distances respectives. Ces dispositions ne préjudicient pas aux stipulations contraires qui peuvent intervenir entre le preneur, le tireur et même les endosseurs (loi du 19 mars 1817).

3.

Il est de deux ans pour les lettres tirées du continent et des îles des Indes orientales, sur les possessions européennes de la France; et réciproquemeut du continent et des îles de l'Europe, sur les possessions françaises ou établissements français au continent et aux îles des Indes orientales.

Tous ces délais, excepté le premier, sont doublés, s'il y a guerre maritime (160).

Sous quelle peine le porteur doit-il exiger le paiement cu l'acceptation dans ces délais?

Sous peine de perdre son recours sur les endosseurs, et même sur le tireur s'il a fait provision (160, § 1).

Comment peut-être exprimée l'acceptation de la lettre de change?

Par le mot accepté, signé par l'accepteur (122) [1].

Doit-elle être datée?

Non, à moins que la lettre ne soit à un ou plusieurs jours, mois ou usances de vue, parcequ'alors c'est par la date de la présentation qu'est fixée la date de l'échéance (*ibid*).

Quid si dans ce cas l'acceptatiou n'est pas datée?

La lettre est exigible au terme exprimé, à compter de sa date (122, § 3).

A quelle formalité particulière est soumise l'acceptation d'une lettre payable dans un autre lieu que celui de la résidence de l'accepteur?

Elle doit indiquer le domicile où le paiement doit être effectué, ou les diligences faites (123).

Peut-on accepter conditionnellement une lettre de change?

---

[1] Ou par termes équivalents (Turin, 8 novembre 1809). L'acceptation doit être écrite sur la lettre même. (C. Cass., 16 avril 1823; Ann. commerciales, t. 1, 97.) Pour la forme du protêt, *voyez* le § 11 de ce titre.

Non (124); l'acceptation conditionnelle est regardée comme un refus.

Mais peut-on l'accepter pour partie de la somme qu'elle porte?

Oui: dans ce cas le porteur doit faire protester pour la partie non payée (124. — Dérogation à l'article 1244 du Code civil.)

Quand doit être acceptée la lettre de change?

À sa présentation, ou, au plus tard, dans les vingt-quatre heures de la présentation (125).

Que produit l'acceptation, par rapport à l'accepteur?

Elle l'oblige à payer le montant de la lettre (121). Il est censé avoir la provision (117), et il ne peut être restitué contre son acceptation, quand même le tireur aurait failli à son insu avant qu'il eût accepté (121, § 2).

Quid si la lettre présentée n'est pas rendue dans les vingt-quatre heures?

Celui qui l'a retenue, acceptée ou non acceptée, est passible de dommages intérêts envers le porteur (125, § 2).

Quid si la lettre n'est pas acceptée?

Le porteur fait constater le défaut d'acceptation par un acte appelé protêt faute d'acceptation (119).

Quel est le résultat de ce protêt?

Sur la notification qui leur en est faite, les endosseurs et le tireur sont respectivement tenus de donner caution pour assurer le paiement de la lettre de change à son échéance, ou d'en effectuer solidairement (118) le remboursement avec les frais de protêt et de rechange (120) '.

La caution est-elle aussi solidairement obligée?

' Pour le rechange, voy. § XII.

Oui, mais elle ne l'est que pour celui qu'elle a cautionné (120, § 2).

§ VII. (IVe DU CODE.)

De l'acceptation par intervention.

Qu'est-ce que l'acceptation par intervention?

C'est celle faite par un tiers intervenant pour le tireur ou pour l'un des endosseurs, lorsque la lettre de change est protestée faute d'acceptation (126).

Comment est-elle constatée?

Par une mention dans l'acte de protêt, et la signature de l'intervenant (126), qui doit notifier sans délai son intervention à celui pour qui il est intervenu (127).

Que peut faire le porteur de la lettre malgré l'acceptation par intervention?

Poursuivre le tiré, le tireur et les endosseurs, contre lesquels il conserve tous ses droits (128).

§ VIII. (IXe DU CODE.)

Du paiement.

Quand doit être payée la lettre de change?

Le jour de son échéance, et les juges ne peuvent accorder de délai au débiteur (157-135), ni même forcer le porteur de recevoir le paiement avant l'échéance (146); mais de son côté le porteur doit exiger le paiement le jour de l'échéance (161)[1].

---

[1] Si le porteur ne se présente pas dans les trois jours qui suivent celui de l'échéance, le débiteur peut déposer la somme portée à l'effet aux mains du receveur de l'enregistrement, dans l'arrondissement duquel l'effet est payable (loi du 24 juillet 1795, 6 thermidor an III).

Peut-il être fait opposition au paiement de la lettre?

Il n'est admis d'opposition qu'en cas de perte de la lettre ou de la faillite du porteur (149).

Quid s'il n'y a pas d'opposition et si la lettre est payée à son échéance?

Le payeur est présumé valablement libéré (145).

De quoi répond-il s'il paie avant l'échéance?

De la validité du paiement (144).

En quel cas la lettre devient-elle exigible avant l'échéance?

Lorsqu'un des obligés au paiement fait faillite. Les autres obligés sont tenus de donner caution pour le paiement à l'écheance, s'ils n'aiment mieux payer immédiatement (448).

Comment doit-on payer une lettre de change?

Dans la monnaie qu'elle indique (143).

Quid si elle n'est payée qu'en partie?

Le paiement fait à compte est à la décharge des tireur et endosseurs, et le porteur doit faire protester pour le surplus (156).

Quid si le paiement est fait sur un deuxième ou troisième exemplaire de la lettre?

Pour être valable, l'exemplaire sur lequel a été fait le paiement doit porter que le paiement annule l'effet des autres exemplaires (147).

Quid s'il y a plusieurs exemplaires dont un a été accepté?

Le paiement doit se faire sur le dernier, sans quoi il ne libère pas le payeur à l'égard du tiers porteur de son acceptation (148).

Que peut faire le porteur de la lettre de change s'il vient à la perdre?

En poursuivre le paiement sur une deuxième, troisième, etc. (150); mais si la lettre perdue est revêtue de l'acceptation, le paiement ne peut en être exigé sur une deuxième, troisième, etc., que par ordonnance du juge, et en donnant caution (151).

Que doit faire le propriétaire de la lettre de change égarée, pour s'en procurer une deuxième ?

S'adresser à son endosseur immédiat, qui doit lui prêter son nom et ses soins pour agir envers son propre endosseur, et ainsi en remontant d'endosseur en endosseur jusqu'au tireur de la lettre. Le propriétaire de la lettre égarée supporte les frais (154).

Quid s'il ne peut représenter ni deuxième ni troisième, etc. ?

Il peut demander le paiement de la lettre de change perdue et l'obtenir par l'ordonnance du juge, en justifiant de sa propriété par ses livres et en donnant caution (152).

Combien dure l'engagement de la caution ?

Trois ans, si pendant ce temps il n'y a ni demande ni poursuites juridiques (155).

Que doit faire le propriétaire de la lettre perdue, en cas de refus de paiement dans ces divers cas ?

Faire, le lendemain de l'échéance, un acte de protestation qui le maintient en tous ses droits, et qui doit être notifié aux tireur et endosseurs, comme le protêt (153).

§ IX. (Xᵉ DU CODE.)

Du paiement par intervention.

Qu'appelle-t-on paiement par intervention ?

C'est celui que fait un intervenant pour le tireur ou l'un des endosseurs, quand la lettre est protestée (158).

Sur quoi doivent être constatés l'intervention et le paiement ?

Dans l'acte de protêt, ou à la suite de l'acte (*ib.* § 2).

Que résulte-t-il du paiement par intervention ?

Le payeur est subrogé aux droits du porteur, et tenu des mêmes devoirs. Si le paiement est fait pour le tireur, tous les endosseurs sont libérés. S'il est fait pour un endosseur, la libération n'a lieu que pour les endosseurs subséquents (159).

Quid s'il se présente à la fois plusieurs payeurs par intervention?

On préfère celui qui opère le plus de libérations; et par la même raison, si celui sur qui la lettre était originairement tirée, et sur qui a été fait le protêt d'acceptation, se présente pour la payer, il sera préféré à tous autres (*ibid*).

§ X. (XI° DU CODE.)

Droits et devoirs du porteur non payé.

Que doit faire le porteur d'une lettre de change, si le paiement en est refusé?

Faire constater le refus, le lendemain de l'échéance, par un acte nommé protêt faute de paiement (162).[1]

Quid si le lendemain de l'échéance est un jour férié légal?

Le protêt doit être fait le surlendemain (*ibid.*, § 2).

En quel cas le porteur est-il dispensé du protêt?

En aucun, quand même il aurait fait un protêt faute d'acceptation, ou que celui sur qui est tirée la lettre mourrait ou tomberait en faillite (163).

En quel cas le porteur peut-il faire protester avant l'échéance?

Quand l'accepteur tombe en faillite avant l'échéance. (*ibid.*) Voy. § VIII.

Que peut faire le porteur après avoir protesté?

[1] Pour a forme du protêt, voyez § suivant.

Exercer une action en garantie, ou individuellement contre le tireur et chacun des endosseurs, ou collectivement contre les endosseurs et le tireur (164).

A qui appartient la même faculté ?

A chacun des endosseurs, à l'égard du tireur et des endosseurs qui le précèdent (*ibid.*).

Que doit faire le porteur s'il veut exercer son recours *individuellement* contre son cédant ?

Notifier à celui-ci le protêt, et, à défaut de remboursement, le faire citer en jugement (165).

Dans quel délai ?

Dans les quinze jours suivant la date du protêt si le cédant réside dans la distance de cinq myriamètres; si le cédant est éloigné de plus de cinq myriamètres du lieu où la lettre était payable, ce délai est augmenté d'un jour par deux myriamètres et demi excédant les cinq myriamètres (165).

Quid si les lettres de change protestées sont tirées de France, et payables hors du territoire continental de l'Europe, et si les tireur et endosseurs résident en France ?

Le délai donné au porteur est de deux mois pour les lettres payables en Corse, dans l'île d'Elbe ou de Capraja, en Angleterre et dans les états limitrophes de la France ;

De quatre, pour celles qui sont payables dans les autres états de l'Europe ;

De six, pour celles qui sont payables aux Échelles du Levant et sur les côtes septentrionales de l'Afrique ;

D'un an, pour celles payables aux côtes occidentales de l'Afrique, jusques et y compris le cap de Bonne-Espérance, et dans les Indes occidentales ;

Enfin, de deux ans pour celles qui sont payables dans les Indes orientales (166).

Quels délais observe-t-on pour le recours à exercer

contre les tireur et endosseurs résidants dans les possessions françaises hors d'Europe ?

Les mêmes et dans les mêmes proportions (*ibid*).

Quid s'il y a guerre maritime ?

Les délais de six mois, d'un an, et de deux ans sont doublés (*ibid*).

Quel délai est accordé au porteur exerçant son recours collectivement contre les endosseurs et tireur ?

Il jouit, à l'égard de chacun d'eux, des délais ci-dessus (167).

Quid par rapport à chacun des endosseurs ?

Ils peuvent exercer le même recours individuellement ou collectivement dans le même délai ; mais il ne court à leur égard que du lendemain de la date de la citation en justice par le porteur (167, § 2, 3).

Qu'arrive-t-il si le porteur a laissé expirer sans agir les délais à lui accordés pour la présentation de la lettre de change à vue ou à jour, mois ou usances, pour le protêt faute de paiement, et pour l'exercice de l'action en garantie ?

Il est déchu de tous droits contre les endosseurs (168).

Quid relativement aux endosseurs ?

Même déchéance pour eux de toute action en garantie contre leurs cédants, après les délais qui leur sont donnés, chacun en ce qui le concerne (169).

La même déchéance a-t-elle lieu contre le porteur et les endosseurs à l'égard du tireur lui-même ?

Oui ; mais ce dernier doit justifier qu'il y avait provision à l'échéance de la lettre (170, 169).

En quel autre cas cessent les effets de la déchéance en faveur du porteur contre le tireur ou les endosseurs ?

C'est quand le porteur prouve que le tireur ou les endosseurs ont reçu après l'expiration des délais ci-dessus les fonds destinés au paiement de la lettre, par compte, compensation ou autrement (171).

Quelle est la dernière ressource qui reste au porteur qui n'a point fait dans les délais ci-dessus prescrits ce que la loi lui ordonnait ?

Il ne conserve qu'une action contre le tiré (170) qui l'a acceptée ou qui avait provision à l'échéance (*ib.*, § 1).

Que peut faire le porteur indépendamment de l'action en garantie ?

Il peut, avec la permission du juge, saisir conservatoirement les effets mobiliers des tireur, accepteurs et endosseurs (172).

Le porteur non payé peut-il demander les intérêts de la lettre de change ?

Oui, à compter du jour du protêt (184).

§ XI. (XIIe DU CODE.)

Formalités relatives aux protêts.

Par qui doivent être faits les protêts faute d'acceptation ou de paiement ?

Par un notaire ou par un huissier et deux témoins (173).

Où doit être fait le protêt ?

Au domicile de celui sur qui la lettre était payable, ou à son dernier domicile connu, au domicile des personnes indiquées par la lettre pour la payer au besoin, au domicile du tiers qui a accepté par intervention (*ib.*); le tout par un seul et même acte.

Quid en cas de fausse indication de domicile ?

Le protêt est précédé d'un acte de perquisition (*ib.*).

Que doit contenir l'acte de protêt ?

La transcription littérale de la lettre de change, de l'ac-

ceptation, des endossements et des recommandations [*]
qui y sont indiquées ; la sommation de payer le montant de
la lettre de change. Il doit énoncer la présence ou l'absence
de celui qui doit payer, les motifs du refus de payer, et
l'impuissance ou le refus de signer (174).

Quel acte peut suppléer le protêt ?

Aucun (175), hors le cas où la lettre est perdue. (*Voyez*
art. 153.)

A quoi sont astreints les notaires ou huissiers qui font
des protêts ?

A en laisser copie exacte aux parties, et à les inscrire en
entier jour par jour, et par ordre de dates, dans un registre
particulier, coté, paraphé, et tenu dans les formes
prescrites pour les répertoires (176), à peine de destitution, dépens et dommages - intérêts envers les parties.

§ XII. (XIIIe DU CODE.)

Du rechange.

Comment s'effectue le rechange ?

Par une *retraite*, c'est-à-dire une nouvelle lettre de
change, au moyen de laquelle le porteur se rembourse sur
le tireur ou un des endosseurs, du principal de la lettre protestée, de ses frais, et du nouveau change qu'il paie pour
avoir la retraite (177-178).

Comment se règle le rechange ou ce nouveau change ?

Si la retraite a lieu sur le tireur, il se règle par le cours
du change du lieu où la lettre de change était payable sur
le lieu d'où elle a été tirée; et si la retraite a lieu sur un des
endosseurs, le rechange se règle par le cours du change du

---

[*] On comprend sous ce mot les individus indiqués pour payer la lettre
au cas où le tiré principal ne la paierait pas.

lieu où la lettre de change a été remise ou négociée par eux, sur le lieu où le remboursement s'effectue (179).

Peut-on cumuler les rechanges ?

Non, en sorte que chaque endosseur ne doit supporter qu'un seul rechange, ainsi que le tireur (183).

De quoi doit être accompagnée la retraite ?

D'un compte de retour (180), comprenant le principal de la lettre de change protestée, et les intérêts à compter du jour du protêt (184), les frais de protêt, et autres légitimes, tels que commission de banque, courtage, timbre et ports de lettres (181).

Que doit énoncer le compte de retour ?

Le nom de celui sur qui la retraite est faite, et le prix du change auquel elle est négociée (*ibid.*, § 5).

Par qui est certifié le prix du change ?

Par un agent de change, et dans les lieux où il n'y en a pas, par deux commerçants (*ibid.* § 6 et 7).

De quoi doit être accompagné le compte de retour ?

De la lettre de change protestée, du protêt ou d'une expédition de l'acte de protêt (*ibid.*, § 8).

Quid si la retraite est faite sur un des endosseurs ?

Elle doit être accompagnée en outre d'un certificat qui constate le cours du change du lieu où la lettre de change était payable sur le lieu d'où elle a été tirée (*ib.* § 9).

Quid si le compte de retour n'est point accompagné de certificats constatant le cours du change ?

Il n'est pas dû de rechange (186).

Peut-on faire plusieurs comptes de retour sur une même lettre de change ?

Non ; celui qu'on fait est remboursé d'endosseur à endosseur respectivement, et définitivement par le tireur (182).

Depuis quand est dû l'intérêt des frais de rechange ?

Du jour de la demande en justice, ainsi que celui des frais de protêt et autres frais légitimes (185).

SECTION II.

Du billet à ordre.

Comment peut-on définir le billet à ordre ?

Un billet en vertu duquel on s'oblige à payer une somme à quelqu'un ou à un tiers, à qui il peut donner son ordre sur le dos du billet.

A quelles formalités est-il soumis ?

Il doit être daté, et énoncer la somme à payer, le nom de celui à l'ordre de qui il est souscrit, l'époque à laquelle le paiement doit être fait, la valeur qui a été fournie en espèces, en marchandises, en compte, ou de toute autre manière (183).

En quoi diffère-t-il de la lettre de change ?

La lettre de change constitue un acte de commerce (632), et soumet ceux qui la signent, aux tribunaux de commerce et à la contrainte par corps, lors même qu'ils ne seraient pas commerçants (632). Le billet à ordre n'est acte de commerce que lorsqu'il est signé par un commerçant, ou qu'il a pour occasion une opération de commerce, et par conséquent il ne soumet aux tribunaux de commerce et à la contrainte par corps un signataire non commerçant, qu'autant qu'il a pour occasion des opérations de commerce, trafic, change, banque ou courtage (636, 637); mais sont applicables aux billets à ordre toutes les dispositions relatives aux lettres de change concernant l'échéance, l'endossement, la solidarité, l'aval, le paiement, le paiement par intervention, les droits et devoirs du porteur, le rechange ou les intérêts (187).

SECTION III.

De la prescription.

Par quel laps de temps se prescrivent les actions relatives aux lettres de change ?

Par cinq ans, à compter du jour du protêt ou de la dernière poursuite juridique, s'il n'y a eu condamnation, ou si la dette n'a pas été reconnue par acte séparé (189).

Quid par rapport aux billets à ordre ?

Même prescription pour ceux souscrits par des négociants ou pour faits de commerce (*ibid.*).

Qu'arrive-t-il s'il y a condamnation ou reconnaissance de la dette ?

L'action ne peut être prescrite que par trente ans, à partir de la condamnation ou de la reconnaissance, pourvu que la reconnaissance ait produit novation. (C. Cass., 21 juillet 1824; Annal. commerc., t. I, p. 343.)

A quoi peuvent être forcés les débiteurs qui excipent de la prescription de cinq ans ?

A affirmer sous serment qu'ils ne sont plus redevables (189).

Leurs veuves, héritiers ou ayants cause y sont-ils aussi obligés ?

On peut les requérir seulement d'affirmer qu'ils estiment de bonne foi qu'il n'est plus rien dû (*ib.*, § 2, ¹).

---

¹ La prescription de cinq ans étant fondée sur la présomption du paiement, elle peut être repoussée s'il y a preuve écrite de non paiement. (C. Cass. 25 août 1813; Sirey, t. 15, p. 131, 1re part.)

LIVRE DEUXIÈME.

DU COMMERCE MARITIME.

TITRE I.

DES NAVIRES ET AUTRES BATIMENTS DE MER.

Dans quelle classe de biens la loi met-elle les bâtiments de mer?

Dans la classe des biens meubles (190). (Cod. civ., 531.)

Quel droit ont les créanciers sur les navires de leur débiteur?

Le même que sur ses autres biens qui sont affectés au paiement de ses dettes (190, Cod. civ., 2092).

Mais y a-t-il entre eux des motifs de préférence comme en droit civil?

Oui : les vaisseaux sont spécialement affectés aux dettes que la loi déclare privilégiées (190, § 2).

Quelles sont les dettes privilégiées, et dans quel ordre sont-elles rangées par la loi?

1° Les frais de justice et autres, faits pour parvenir à la vente et à la distribution du prix (191, § 1), constatés par des états arrêtés par les tribunaux compétents (192, § 1);

2° Les droits de pilotage, tonnage, cale, amarrage, bassin ou avant-bassin (191, § 2), constatés par les quittances légales des receveurs (192, § 2);

3° Les gages du gardien et frais de garde du bâtiment,

depuis son entrée dans le port jusqu'à la vente (191, § 3);

4° Le loyer des magasins où se trouvent déposés les agrès et apparaux;

5° Les frais d'entretien du bâtiment et de ses agrès et apparaux, depuis son dernier voyage et son entrée dans le port. Ces trois dernières dettes sont constatées par états arrêtés par le président du tribunal de commerce (191, § 4, § 5; 192, § 3);

6° Les gages et loyers du capitaine et autres gens de l'équipage employés au dernier voyage (191, § 6), constatés par les rôles d'armement et de désarmement, arrêtés dans les bureaux de l'inscription maritime (192, § 4);

7° Les sommes prêtées au capitaine pour les besoins du bâtiment pendant le dernier voyage, et le remboursement du prix des marchandises par lui vendues pour le même objet (191, § 7); le tout justifié par états arrêtés par le capitaine, appuyés de procès-verbaux signés par lui et les principaux de l'équipage, constatant la nécessité des emprunts (192, § 5) [1] :

8° Les sommes dues au vendeur du navire, aux fournisseurs et ouvriers employés à la construction, si le *navire n'a point encore fait de voyage;* et s'il a déjà navigué, les sommes dues à raison des fournitures, main-d'œuvre et travaux faits avant le départ du navire, pour radoub, victuailles, armement et équipement (191, § 8). Le prix de la vente du navire est constaté par acte ayant date certaine (2); les fournitures par les mémoires, factures ou états visés par le capitaine, et arrêtés par l'armateur, dont un double est déposé au greffe du tribunal de commerce

---

[1] S'il y a eu plusieurs prêts successifs pendant le voyage, on préfère les derniers aux premiers (323). Pourquoi ? Voy. *Tit. des Contrats à la grosse.* — Quels sont les actes à date certaine ? Voy. **Cod. civ.,** 1328.

avant le départ, ou au plus tard dans les dix jours après le départ du navire ;

9° Les sommes prêtées à la grosse sur le corps quille, agrès, apparaux, pour radoub, victuailles, armement et équipement *avant* le départ (191, § 9), constatées par contrat devant notaire ou sous seing privé, dont expédition ou double seront déposés au greffe du tribunal de commerce dans les dix jours de leur date (192, § 7);

10° Le montant des primes d'assurance faites sur le corps quille, agrès, apparaux, et sur armement et équipement du navire pour le dernier voyage (191, § 10), constatées par les polices ou par les extraits des livres des courtiers d'assurances (192, § 8o);

11° Les dommages-intérêts dus aux chargeurs pour défaut de délivrance des marchandises qu'ils ont chargées, ou pour remboursement des avaries qu'elles ont essuyées par la faute du capitaine ou de l'équipage (191, § 11). Ces dommages doivent être constatés par jugements ou décisions arbitrales.

Comment s'éteignent ces divers priviléges ?

Par les moyens généraux d'extinction des obligations;

Par la vente en justice faite dans les formes établies par le titre suivant ;

Ou lorsqu'après une vente volontaire le navire a fait un voyage en mer, aux nom et risques de l'acquéreur, et sans opposition des créanciers du vendeur (193).

Quand un navire est-il censé avoir fait un voyage ?

1° Quand son départ et son arrivée ont été constatés dans deux ports différents, et trente jours après le départ; 2° quand, sans être arrivé dans un autre port, il s'est écoulé plus de soixante jours entre le départ et le retour dans le même port, ou lorsque le navire parti pour un voyage de long cours a été plus de soixante jours en mer, sans réclamation des créanciers du vendeur (194).

4.

Quels sont les voyages de long cours?

Ceux qui se font aux Indes orientales et occidentales, à la mer Pacifique, au Canada, à Terre-Neuve, au Groënland, et aux autres côtes et îles de l'Amérique méridionale et septentrionale; aux Açores, Canaries, à Madère, et dans toutes les côtes et pays situés sur l'Océan, au-delà des détroits de Gibraltar et du Sund (377).

Comment doit être faite la vente d'un navire?

Par acte public ou sous seing privé (195).

Doit-elle comprendre tout le navire?

Non : elle peut être faite pour une portion (*ib.*, § 2).

Le navire doit-il être dans le port pour être vendu valablement?

Il peut être vendu en voyage (195, § 3); mais alors la vente ne préjudicie point aux créanciers du vendeur. Le navire ou son prix continue d'être leur gage. Ils peuvent même attaquer la vente pour fraude (196).

Pourquoi la vente judiciaire du navire éteint-elle de droit les priviléges des créanciers, à la différence de la vente volontaire qui ne les éteint qu'après un voyage fait au nom de l'acquéreur?

C'est que, par sa publicité, la vente en justice ne peut être ignorée des créanciers, et que la vente volontaire leur est souvent inconnue.

TITRE II.

DE LA SAISIE ET DE LA VENTE DES NAVIRES.

Quel est l'effet des saisies et ventes de navires par autorité de justice, relativement aux créanciers privilégiés?

C'est de purger les priviléges quand elles sont faites dans les formes suivantes (193 , 197).

Tous les bâtiments peuvent-ils être saisis ou vendus ?

Oui , excepté ceux prêts à faire voile , si ce n'est à raison de dettes contractées pour le voyage qu'ils vont faire ; et même , en ce dernier cas , la saisie peut être empêchée si l'on donne caution pour le paiement des dettes (215).

Quand le bâtiment est-il censé prêt à faire voile ?

Quand le capitaine est muni de ses expéditions pour son voyage , c'est-à-dire des papiers qu'il doit avoir (*voy.* tit. du Capitaine).

§ Ier.

Saisie des navires.

De quel acte doit être précédée la saisie ?

D'un commandement de payer fait vingt-quatre heures auparavant (198), en vertu d'un titre en forme exécutoire (Cod. procéd. , 545).

A qui [1] ?

Au propriétaire ou à son domicile , s'il s'agit d'une action générale contre lui , ou bien au capitaine , si la créance est privilégiée d'après le titre précédent.

Pourquoi peut-on faire le commandement au capitaine dans le cas où la saisie se fait pour une créance privilégiée sur le navire , et pourquoi doit-on le faire au propriétaire s'il s'agit de toute autre créance ?

C'est que le propriétaire étant représenté par le capitaine dans ce qui a rapport au vaisseau , il est naturel qu'on

---

[1] Sous peine de nullité et de dommages-intérêts si la saisie a empêché le vaisseau de partir. (Rennes , 28 fév. 1824; Annales commerciales, t. 2 , pag. 54.)

puisse s'adresser à celui-ci s'il s'agit d'une créance privilégiée sur le navire. Cette raison n'ayant pas lieu s'il s'agit d'une créance qui ne s'applique pas spécialement au bâtiment, il faut se conformer au droit commun, et s'adresser au propriétaire.

Que doit énoncer l'huissier dans le procès-verbal de saisie?

Les nom, profession et demeure du créancier pour qui il agit; élection de domicile pour lui dans le lieu du tribunal [1] où la vente doit être poursuivie, et dans le lieu où le navire saisi est amarré; la somme et le titre pour lesquels on procède; les noms du propriétaire et du capitaine; le nom, l'espèce et le tonnage du bâtiment; les chaloupes, canots, agrès, ustensiles, armes, munitions et provisions (200).

Que doit faire en outre l'huissier?

Établir un gardien du tout (200, § 9).

Doit-on faire connaître la saisie au saisi?

Oui, s'il demeure dans l'arrondissement du tribunal, le saisissant doit lui faire notifier, dans trois jours, copie du procès-verbal de saisie, et le faire citer devant le tribunal pour voir procéder à la vente des choses saisies (201, § 1).

Quid si le saisi demeure hors de l'arrondissement du tribunal?

Les significations et citations lui sont données à la personne du capitaine, ou, en son absence, à celui qui représente le capitaine ou le propriétaire, et le délai est augmenté d'un jour à raison de deux myriamètres et demi (cinq lieues) de la distance de son domicile (201, § 2).

Quid s'il est hors de France?

Les citations et les significations lui sont faites selon l'article 79 du Code de procédure, c'est-à-dire au procu-

---

[1] Code civil; avis du conseil d'état, du 29 avril 1809, bull. n° 4391.

reur du roi près le tribunal auquel la demande est portée, et qui, après avoir visé les originaux, les envoie au ministre de la marine si le saisi est dans une colonie française, et au ministre des relations extérieures s'il est établi chez l'étranger (201, § 8).

§ II.

Vente.

Où se fait la vente des navires?

A l'audience (204, *in fine*), et sous la direction d'un juge commis *ad hoc* (205).

Dans quelles formes et quand?

Si le bâtiment est au-dessus de dix tonneaux, on fait trois criées et publications consécutives, de huitaine en huitaine, à la bourse, et dans la principale place publique du lieu où le bâtiment est amarré. L'avis en doit être inséré dans un des papiers publics du lieu où siége le tribunal devant lequel la saisie se poursuit, et s'il n'y a pas de journaux, dans l'un de ceux du département (202).

Les criées, leur publication et leur insertion suffisent-elles?

Non; dans les deux jours qui suivent chaque criée et publication, il est apposé des affiches au même effet,

Sur le grand mât du bâtiment saisi, à la porte principale du tribunal devant lequel on procède, dans la place publique et sur le quai du port où le bâtiment est amarré, ainsi qu'à la bourse de commerce (203).

Que doivent désigner les criées, publications et affiches?

Les nom, profession et demeure du poursuivant; les titres en vertu desquels il agit, la somme qui lui est due, l'élection de domicile par lui faite au lieu où siége le tribunal et au lieu où le bâtiment est amarré; les nom et domicile du saisi, le nom du bâtiment, et, s'il est armé ou en armement, celui du capitaine, le tonnage du navire, le lieu où il est gisant ou flottant, le nom de l'avoué du poursuivant, la première mise à prix, les jours des audiences auxquelles les enchères sont reçues (204).

Quand sont reçues les enchères?

Après la première criée, et le jour indiqué par l'affiche (205, § 1).

Quid si l'on fait de nouvelles enchères?

Le juge commis d'office pour la vente, continue de les recevoir après chaque criée, de huitaine en huitaine, à jour fixé par son ordonnance (208).

Quand et à qui est adjugé le navire?

Après la troisième criée, au plus offrant et dernier enchérisseur, à l'extinction des feux sans autre formalité (206); mais le juge commis peut accorder une ou deux remises, de huitaine chacune, qui sont publiées et affichées (*ib.*).

Pourquoi la loi donne-t-elle ce droit au juge?

Pour qu'il déjoue les enchérisseurs présents qui s'entendraient pour faire vendre le navire au-dessous de sa valeur.

Quid si le bâtiment n'est que de dix tonneaux?

L'adjudication est faite à l'audience après huit jours depuis la signification de la saisie au propriétaire, et après publication sur le quai pendant trois jours consécutifs, avec affiche au mât, ou à défaut, en autre lieu apparent du bâtiment et à la porte du tribunal (207).

A quoi est tenu l'adjudicataire du bâtiment?

Quel que soit le tonnage du navire, il doit payer le prix de son adjudication dans vingt-quatre heures, ou le consigner sans frais au greffe du tribunal de commerce, à peine d'y être contraint par corps (209).

Quid à défaut de consignation?

Le bâtiment est remis en vente, et adjugé trois jours

après une nouvelle publication et affiche unique, à la folle enchère des adjudicataires, qui seront également contraints par corps pour le paiement du déficit, des dommages-intérêts et des frais (209, § 2).

Quid si un tiers veut réclamer une partie du navire?

Il doit former une demande en distraction, et la notifier au greffe du tribunal (210).

Quand?

Avant l'adjudication (*ib.*)

Mais quel sera l'effet de sa demande s'il ne l'a faite qu'après l'adjudication?

Elle est de plein droit convertie en opposition, à la délivrance des deniers provenants de la vente (210, § 2).

Dans quel délai doit-il fournir ses moyens?

Dans celui de trois jours (211, § 1), à compter de sa demande.

Quel délai a le défendeur pour contredire?

Le même (211, § 2).

Comment la cause est-elle portée à l'audience?

Sur simple citation (*ib.*, § 3).

Quand doivent se faire les oppositions à la délivrance du prix?

Dans trois jours après celui de l'adjudication (212) [1].

Que doivent faire les opposants?

Produire au greffe leurs titres de créance.

Dans quel délai?

---

[1] Il résulte de cet art. que la demande en distraction ne peut valoir, pas même comme opposition, si elle est faite trois jours après l'adjudication.

«Quelques personnes ont cru remarquer une espèce d'antinomie »entre les art. 209 et 212; mais il paraît évident que le dernier de ces »articles ne s'applique qu'au cas où, au lieu d'avoir payé, l'adjudicataire a »consigné son prix. » (Analyse du Cod. de com., par MM. Montgalvy et Germain, t. 1, p. 323.)

Dans trois jours après la sommation qui leur en est faite par le poursuivant ou le saisi (213) [1].

Sous quelle peine?

De n'être point compris dans la distribution du prix de la vente à laquelle ils ne peuvent empêcher de procéder (213).

Comment s'opère cette distribution?

Dans l'ordre établi au titre précédent entre les **créanciers** privilégiés, et entre les créanciers ordinaires au marc le franc (214).

Pour quelles choses colloque-t-on chaque créancier?

Pour son principal, ses intérêts et frais (*ib.*, § 21).

TITRE III.

DES PROPRIÉTAIRES DE NAVIRES.

De quoi répond le propriétaire d'un navire?

Des faits du capitaine pour tout ce qui est relatif au navire et à l'expédition (216).

Comment peut-il se décharger de cette responsabilité?

En abandonnant son navire et le fret (217), c'est-à-dire le prix du loyer du navire (286).

Faut-il entendre par le mot *faits* tous les actes du capitaine?

Non, ce mot ne s'applique pas aux engagements contractés par le capitaine comme mandataire du propriétaire[2].

---

[1] L'art. porte *tiers saisi,* probablement par erreur. Ce nom ne convient à personne en matière de vente de navire. *Voy.* M. Delvincourt, note 3 de la page 135, Inst. commerciales.

[2] Ainsi le propriétaire ne peut se dispenser de payer l'emprunt fait par le capitaine en abandonnant le navire et le fret. (Rouen, 13 mars 1818.)

Quid pour les faits de l'équipage ou des gens de guerre qui sont sur le navire, si le navire est équipé en guerre ?

Le propriétaire n'en est tenu que jusqu'à concurrence de la somme pour laquelle il a donné caution, à moins qu'il n'en soit participant ou complice (217).

Quid lorsqu'un navire appartient à plusieurs propriétaires et qu'il y a dissentiment entre eux ?

En tout ce qui concerne l'intérêt *commun*, on suit l'avis de la majorité (220), à moins qu'il n'y ait eu convention sur le point de la difficulté.

Comment se détermine cette majorité ?

Par une portion d'intérêt dans le navire excédant moitié de la valeur (220, § 2).

Cette majorité est-elle nécessaire pour demander la licitation du vaisseau ?

Non ; la licitation peut être accordée si les requérants ont la moitié de l'intérêt total dans le navire, sauf convention contraire et par écrit (220, § 3).

TITRE IV.

DU CAPITAINE.

§ Ier.

Par qui est nommé le capitaine d'un navire ?

Par le propriétaire ou, si la propriété est divisée entre plusieurs, par la majorité déterminée comme au titre précédent.

Comment sont constatées les conditions d'engagement du capitaine ?

Par le rôle d'équipage ou les conventions des parties (250).

Le capitaine est-il tenu d'achever le voyage pour lequel il s'engage?

Oui, sous peine de tous dépens, dommages-intérêts, envers les propriétaires et les chargeurs (238).

Le maître du vaisseau est-il tenu de lui laisser faire le voyage?

Il peut le congédier, sans indemnité s'il n'en est autrement convenu par écrit (218).

Pourquoi cette différence?

Parceque la loi présume que le propriétaire ne congédie que pour de graves motifs son capitaine, et qu'il ne le renverrait pas s'il était bon.

Quid si le capitaine congédié est copropriétaire du navire?

Il peut renoncer à la copropriété et exiger qu'on lui rembourse la valeur de la part qu'il a dans le navire (219).

Qui détermine cette valeur?

Des experts convenus ou nommés d'office (219, § 2).

§ II.

Droits et devoirs du capitaine.

De quel privilége jouit le capitaine à bord du vaisseau prêt à faire voile?

Il ne peut, ainsi que les gens de l'équipage, être arrêté pour dettes *civiles* non contractées pour le voyage, et même en ce dernier cas il ne peut l'être s'il donne caution (231).

Le capitaine doit-il être sur le vaisseau même pour jouir de ce droit?

Il en jouit s'il est sur une chaloupe qui se rend à bord pour faire voile (*ib*).

De quoi est-il garant?

De ses fautes, même légères, dans l'exercice de ses fonctions (221). Sa responsabilité ne cesse que par la preuve d'obstacles de force majeure (230).

Répond-il des marchandises dont il se charge?

Oui, et il doit en fournir une reconnaissance nommée connaissement(222), *V*. les formes du connaissement, t. VII.

Répond-il de toutes indistinctement?

Il ne répond pas de celles placées sur le tillac d'après le consentement par écrit du chargeur, ou s'il ne navigue pas au petit cabotage (229) [1].

Le capitaine peut-il trafiquer pour son compte?

Non, s'il navigue à *profit commun* [2] sur le chargement, sauf convention contraire (239), ni charger des marchandises pour son compte, sans la permission des propriétaires, et sans en payer le fret, s'il est autorisé(251).

Quelle peine encourt-il en trafiquant lorsqu'il navigue à profit commun?

Les marchandises embarquées pour son compte particulier sont confisquées au profit des intéressés (240).

Que peut faire le capitaine avant de partir?

Former l'équipage du vaisseau, choisir et louer les matelots; mais de concert avec les propriétaires s'il est au lieu de leur demeure (223).

---

[1] La navigation au petit cabotage consiste à aller de cap en cap, de port en port, sur une ou plusieurs côtes voisines. On distingue le grand et le petit cabotage. Pour la fixation de l'un et de l'autre, *V*. le règlement du 18 octobre 1740, et l'ordonnance du 12 février 1815.

[2] Cette prohibition n'a lieu que lorsque le capitaine navigue à profit commun sur le chargement, parcequ'il est sociétaire des chargeurs, et qu'il ne doit point gagner en diminuant leurs gains. S'il naviguait à profit commun sur le fret, il ferait l'avantage de la société, en chargeant pour son compte, puisqu'il paierait une partie du fret.

Que doit-il faire avant de prendre charge?

Faire visiter son navire aux termes et dans les formes des règlements; le procès-verbal de visite est déposé au greffe du tribunal de commerce, et on en délivre extrait au capitaine (226).

Quels papiers doit-il avoir à bord?

L'acte de propriété du navire, l'acte de francisation, c'est-à-dire constatant que le navire est français; le rôle d'équipage, c'est-à-dire de tous les individus embarqués, les connaissements et chartes-parties [1], les procès-verbaux de visite et les acquits de paiement, ou à caution des douanes (226) [2].

Que doit-il encore avoir à bord?

Un registre coté et paraphé par un juge du tribunal de commerce ou par le maire ou son adjoint dans les lieux où il n'y a pas de tribunal de commerce (224).

A quoi est destiné ce registre?

A recevoir les résolutions prises dans le voyage; la recette et dépense relative au navire, tout ce qui concerne le fait de sa charge, et ce qui peut donner lieu à un compte à rendre ou à une demande à former (224, § 20).

Quid si le capitaine ne remplit pas ces diverses obligations?

---

[1] *Voy.* pour les Chartes-parties, tit. vi.

[2] Certaines marchandises sortant d'un port paient un droit plus ou moins fort, selon qu'elles sont envoyées dans un autre port français, ou qu'elles sont exportées à l'étranger. Pour prévenir les abus qui pourraient résulter de fausses déclarations, on oblige le chargeur qui déclare faire passer sa marchandise dans un port français à donner caution jusqu'à concurrence du droit qu'il devrait, s'il l'exportait à l'étranger. La caution doit justifier de la perte du chargement ou de son arrivée dans le port déclaré, sous peine de payer le droit dû pour l'exportation à l'étranger: moyennant cette caution, le chargeur reçoit un permis qu'on appelle *acquit-à-caution.*

Il répond de tout événement envers les intéressés au navire et au chargement (228).

Que doit faire le capitaine à l'entrée et à la sortie des ports, havres ou rivières ?

Être en personne dans son navire (227), sous peine de répondre personnellement de tous événements envers les intéressés (228).

Peut-il abandonner quelquefois son navire ?

Il ne le peut pour quelque danger que ce soit sans l'avis des officiers et principaux de l'équipage; et en ce cas, il doit sauver l'argent et ce qu'il peut des marchandises les plus précieuses du chargement, sous peine d'en répondre en son propre nom (241).

Quid si ces objets ainsi tirés du navire périssent ?

Si c'est par cas fortuit le capitaine en est déchargé (*ib.*, § 2).

Que peut faire le capitaine s'il y a nécessité de radouber ou d'acheter des victuailles ?

S'il est dans le lieu de la demeure des propriétaires ou de leurs fondés de pouvoir, il a besoin de leur autorisation (232); mais si le bâtiment était chargé du consentement des propriétaires, et si quelques uns refusaient de contribuer aux frais de l'expédition, il pourrait (233), après les avoir sommés, emprunter à la grosse pour leur compte, sur leur portion d'intérêt dans le navire, avec autorisation du juge.

Quid si la nécessité a lieu dans le voyage ?

Il peut, après l'avoir fait constater par procès-verbal signé des principaux de l'équipage, et en se faisant autoriser, en France, par le tribunal de commerce, ou à défaut par le juge de paix; et chez l'étranger, par le consul français, ou à défaut par le magistrat des lieux, emprunter sur le corps et quille du vaisseau, mettre en gage ou vendre des marchandises jusqu'à concurrence de la somme que les besoins constatés exigent (234) [1].

Sur quel pied tient-on compte aux propriétaires des marchandises vendues?

D'après le cours des marchandises de même nature et qualité, dans le lieu de la décharge du navire, à l'époque de son arrivée (234); mais on déduit le prix du fret (298).

Quid si le navire se perd après la vente des marchandises?

On tient compte des marchandises sur le pied qu'on les a vendues, en retenant aussi le prix du fret (298) [2].

Quid de l'emprunt à la grosse fait par le capitaine pour toute autre cause dans le lieu de la demeure des propriétaires, et sans leur autorisation ou leur intervention?

Il ne donne action et privilége au prêteur que sur la portion que le capitaine peut avoir au navire ou au fret (321).

De quoi est tenu le capitaine s'il emprunte ou vend sans nécessité?

Il répond envers le propriétaire, et doit personnellement rembourser et payer les objets vendus, sans préjudice des poursuites criminelles s'il y a lieu (236).

Peut-il vendre le navire même?

Non, hors le cas d'innavigabilité légalement constatée, ou sans un pouvoir spécial des propriétaires, à peine de nullité de la vente (237).

Quid s'il porte dans son compte des dépenses ou avaries supposées?

---

[1] Ces formalités sont-elles exigées dans l'intérêt du prêteur, ou ne sont-elles exigées que pour mettre le capitaine à portée de justifier de l'emprunt vis-à-vis du propriétaire. (*Voy.* Cass., 28 nov. 1821; Paris, 28 juillet 1823; M. Delvincourt, note de la page 142.)

[2] Bien entendu à proportion de l'avancement du voyage lors de la vente.

Il est responsable envers l'armement, et personnellement tenu du remboursement de l'argent ou du paiement des objets, sans préjudice, s'il y a lieu (236), de la peine de réclusion (loi du 10 avril 1825, art. 14). Même peine s'il vend le vaisseau hors le cas de l'art. 237 (*ib.*).

Que peut faire le capitaine si les vivres manquent dans le voyage?

Après avoir pris l'avis des principaux de l'équipage, il peut contraindre ceux qui ont des vivres en particulier à les mettre en commun, à la charge de leur en payer la valeur (249).

Que doit-il faire s'il est forcé de relâcher ?

Si c'est dans un port français, déclarer les causes de sa relâche au président du tribunal de commerce du lieu, ou à défaut au juge de paix du canton (245, § 1 et 2).

Quid s'il relâche en port étranger ?

Il doit faire sa déclaration au consul de France, ou, à son défaut, au magistrat du lieu (245, § 3).

De quoi est-il tenu en cas de naufrage ?

S'il se sauve seul ou avec partie de son équipage, il doit se présenter devant le juge du lieu, ou, à son défaut, devant tout autre autorité civile, y faire son rapport, le faire vérifier par ceux de son équipage qui se seraient sauvés et se trouveraient avec lui, et en lever expédition (246).

Que doit énoncer le rapport ?

Le lieu et le temps du départ, la route tenue, les hasards courus, les désordres arrivés dans le navire, et toutes les circonstances notables du voyage (242).

Comment se fait la vérification du rapport?

Le juge reçoit l'interrogatoire des gens de l'équipage, et, s'il se peut, des passagers, sans préjudice des autres preuves (247).

En quoi diffèrent les effets des rapports vérifiés et de ceux non vérifiés ?

Les premiers sont admis à la décharge du capitaine, les deuxièmes ne font foi en justice, en sa faveur, que dans le cas où il s'est sauvé seul dans le lieu où il a fait son rapport (247). La preuve des faits contraires est réservée aux parties (*ib.*).

Quelles choses ne peut faire le capitaine avant d'avoir fait son rapport ?

Décharger aucune marchandise, hors le cas de péril imminent, sous peine de la réclusion (248) (art. 14 de la loi du 10 avril 1825).

Le capitaine arrivant à bon port doit-il faire son rapport comme en cas de naufrage ?

Oui : il doit aussi faire viser son registre (242).

Où, quand et comment ?

Dans les vingt-quatre heures de l'arrivée, dans la même forme que le rapport après naufrage (242), au greffe, devant le président du tribunal de commerce ; à défaut de tribunal de commerce, au juge de paix de l'arrondissement, qui renvoie le rapport au tribunal de commerce le plus voisin, au greffe duquel en est fait le dépôt (243).

Quelle est la dernière obligation du capitaine en arrivant ?

Il doit faire remettre les marchandises chargées à ceux à qui elles sont adressées, et qui, s'il le demande, doivent lui en donner reçu, à peine de tous dépens, dommages-intérêts, même ceux de retardement (285).

Quid si le capitaine aborde en pays étranger ?

Il doit faire son rapport au consul de France, et prendre un certificat constatant l'époque de son arrivée et de son départ, l'état et la nature de son chargement (244).

Que doit-il faire avant de revenir d'un port étranger ou des colonies françaises en France ?

Envoyer à ses commettants ou à leurs fondés de pouvoirs un compte signé de lui, contenant l'état de son chargement, le prix des marchandises chargées, les sommes par lui empruntées, les noms et demeures des prêteurs (235) [1].

Quid en cas de blocus du port pour lequel le navire est destiné ?

Le capitaine doit, s'il n'a des ordres contraires, se rendre dans un des ports voisins de la même puissance, où il peut aborder (279).

§ III.

Quand cessent les fonctions du capitaine ?

Lorsqu'il est congédié (218) ;

' Quand son bâtiment périt ;

Quand le voyage pour lequel il a été nommé est achevé ;

Quand le navire est saisi et adjugé (208), sauf à lui à se pourvoir en dédommagement contre qui de droit (*ib.*).

§ IV.

Par quel délai se prescrit toute action du capitaine en paiement de ses loyers ?

Par un an après l'arrivée du navire (433), s'il n'y a eu cédule, obligation, arrêté de compte, ou interpellation judiciaire (434).

En quel cas n'a-t-on plus d'action contre lui pour dommage arrivé à la marchandise chargée ?

Lorsqu'on l'a reçue sans protestation (435), dans les vingt-quatre heures, ou avec protestation non suivie, dans le mois de sa date, d'une demande en justice (436).

Le capitaine peut-il acquérir, par prescription, la propriété du navire ?

---

[1] Cette disposition a pour but de prévenir les fraudes que pourrait commettre le capitaine en substituant des marchandises, ou en antidatant des emprunts.

5.

Non, parcequ'il ne le tient que comme mandataire et à titre précaire (430, Cod. civ., 2236).

TITRE V.

DE L'ENGAGEMENT ET DES LOYERS DES MATELOTS ET GENS DE L'ÉQUIPAGE [1].

Par qui sont nommés les matelots et gens de l'équipage?

Par les propriétaires du vaisseau ou le capitaine, qui doit s'entendre avec eux s'il est dans le lieu de leur demeure (223).

Par quoi sont constatées les conditions de leur engagement?

Par le rôle d'équipage ou les conventions des parties (223).

Combien y a t-il de sortes d'engagements de matelots?

Quatre : au voyage, au mois, au profit et au fret.

En quoi diffèrent-elles?

Par l'engagement au voyage, le matelot loue ses services pour un voyage, de quelque durée qu'il soit, et reçoit du maître une somme fixe. L'engagement au mois est fait pour tout le voyage, mais pour une somme par chaque mois que dure le voyage. Dans l'engagement au *profit*, le maître donne au matelot une part dans le profit

---

[1] L'on doit étendre aux matelots ce qu'on vient de voir sur le capitaine, quand il n'est pas mis en opposition avec l'équipage. (*Voy.* art. 231, 251, etc.)

de l'expédition pour lui tenir lieu de loyer. Enfin, par l'engagement au *fret*, le matelot reçoit pour paiement une part dans le *fret* du navire.

Qu'y a-t-il d'affecté spécialement au paiement des matelots ?

Le navire et le fret (271).

§ Ier.

En quelle proportion est payé le matelot si le voyage est rompu ?

On distingue les causes et l'époque de la rupture.

Quid si le voyage est rompu avant le départ et par force majeure ?

Il n'est dû aux matelots aucun loyer, mais seulement les journées employées à équiper le bâtiment (253) ; ils ne peuvent même demander ces journées s'ils sont engagés au fret ou au profit (257), parcequ'alors ils sont associés, et comme tels soumis à toutes les chances.

Quid si la rupture a lieu toujours avant le départ, mais par le fait des propriétaires, capitaine ou chargeurs ?

Les matelots sont payés des journées par eux employées à l'équipement du navire s'ils sont loués *au voyage* ou *au mois*, et ils retiennent en outre pour indemnité les avances qu'ils ont reçues (252).

Qu'ont-ils pour indemnité s'ils n'ont pas reçu d'avances ?

Un mois de leurs gages convenus (252, § 2) [1].

---

[1] Pour évaluer ce mois, quand le matelot est loué au voyage, il faut considérer combien devait durer le voyage, en répartir le prix sur chaque mois de cette durée, et donner l'indemnité au matelot à raison d'un mois.

Quid quand la rupture arrive pendant le voyage?

Si elle est forcée, les matelots sont payés à proportion de ce qu'ils ont servi (254) [1].

Quid si la rupture a lieu par la volonté des maîtres?

Les matelots loués au voyage sont payés en entier selon leur convention; ceux loués au mois reçoivent leurs loyers stipulés pour le temps qu'ils ont servi, et en outre, pour indemnité, la moitié de leurs gages pour le reste de la durée présumée du voyage auquel ils étaient engagés (252) [2].

Mais que reçoivent de plus les matelots de quelque manière qu'ils soient engagés?

Leur conduite de retour jusqu'au lieu du départ, à moins qu'on ne leur procure un embarquement sur un autre navire revenant audit lieu (252).

Que peuvent demander les matelots engagés au profit ou au fret en cas de rupture pendant le voyage par force majeure?

Rien, parcequ'ils sont associés, et comme tels soumis à toutes les chances (257).

Quid si la rupture arrive par le fait du chargeur?

Ils ont part aux indemnités adjugées au navire (257).

Dans quelle proportion?

Dans la même que l'aurait été le fret ou le profit (257, § 2).

Quid si la rupture arrive par le fait du capitaine ou du propriétaire?

---

[1] Si les matelots sont loués au voyage, même règle que dans le cas qui précède immédiatement, pour savoir au juste ce qu'ils doivent recevoir.

[2] Cette différence provient de ce que la somme unique promise aux matelots pour le voyage leur est due totalement dès qu'il est commencé, quelle qu'en soit la longueur, tandis que le paiement des matelots loués au mois dépend du nombre de mois qu'ils ont servi.

L'un ou l'autre est tenu seul de l'indemnité due aux gens de l'équipage (257, § 3).

§ II.

Quid si le voyage commencé est retardé?

Si le retardement arrive par le fait du propriétaire, du capitaine ou du chargeur, les loyers au mois courent durant le séjour, et les matelots engagés au voyage doivent être indemnisés.

Comment est payé le loyer si le retardement a lieu par force majeure?

Celui des matelots engagés au voyage est payé aux termes de l'engagement (254, § 4).

Le loyer de ceux engagés au mois court pour moitié pendant l'arrêt (*ib.*, § 5).

Quid si le voyage est prolongé?

Le prix du loyer des matelots engagés au voyage est augmenté à proportion de la prolongation (255)[1] ; les matelots au mois sont payés à proportion du temps qu'ils ont servi.

Quid si le voyage est raccourci?

S'il l'est volontairement, il n'est fait aucune diminution de loyer aux matelots engagés au voyage (256).

Quid si les matelots sont engagés au fret ou au profit? Même règle qu'en cas de rupture. (*Voy.* le § précédent.)

§ III.

A quoi peuvent prétendre les matelots si le navire et la cargaison se perdent par bris, prise ou naufrage?

---

[1] Le mot prolongation doit s'entendre de la prolongation de distance, et non de la prolongation de temps. Si la prolongation était indépendante de la volonté du propriétaire, il ne serait pas dû d'augmentation. (M. Mongalvy, t. 1, p. 53.)

A rien ; mais ils peuvent retenir les avances qu'ils ont reçues (258).

Quid si quelque partie du navire est sauvée?

Les matelots loués au mois ou au voyage reçoivent leurs loyers échus sur les débris du navire qu'ils ont sauvés (259, § 1) ; et si les débris sont insuffisants, ou s'il n'y a que des marchandises sauvées, on les paie subsidiairement sur le fret (*ib.*, § 2).

Sur quoi et comment sont payés les matelots loués au fret?

Ils sont payés seulement sur le fret, et en proportion de celui que reçoit le capitaine (260), parcequ'ils ne peuvent rien prétendre que sur le fret, pour lequel ils sont associés.

Mais de quoi sont-ils payés, de quelque manière qu'ils soient loués?

Des journées employées par eux à sauver les débris du navire et les effets naufragés (261).

§ IV.

En quelle proportion est payé le loyer du matelot fait prisonnier?

Jusqu'au jour où il a été pris (266, § 2) ; mais il ne peut rien prétendre pour son rachat (266, § 1).

Mais *quid* s'il est pris après avoir été envoyé en mer ou à terre pour le service du navire?

Il peut exiger tous ses loyers, et une indemnité pour son rachat si le navire *arrive à bon port* (267). (*Voy.* art. 258.)

De combien est l'indemnité?

De 600 francs (268).

Par qui est-elle due?

Par le navire seul si le matelot a été envoyé en mer ou à terre pour le service du navire, et par le navire et le chargement, s'il a été envoyé en mer ou à terre pour le service de l'un et de l'autre (258).

Comment en sont faits le recouvrement et l'emploi?

Suivant des formes déterminées par le gouvernement dans un règlement spécial (269).

§ V.

Le matelot peut-il être congédié par le capitaine?

Oui, mais pour cause valable (270, § 1), et jamais en pays étranger (*ib.*, § 6).

Quid s'il est congédié sans cause valable?

Il peut exiger une indemnité, fixée au tiers des loyers si le congé a lieu avant le commencement du voyage, et à la totalité des loyers et aux frais du retour, s'il a lieu pendant le cours du voyage (*ib.*).

En quel cas n'y a-t-il pas lieu à indemnité?

C'est lorsque le matelot est congédié avant la clôture du rôle d'équipage (*ib.*), parcequ'alors son engagement n'est point parfait.

Par qui est payée l'indemnité?

Par le capitaine, et sans répétition contre les propriétaires du navire (*ib.*, § 4).

§ VI.

Comment sont payés les loyers du matelot qui tombe malade pendant le voyage, ou est blessé au service du navire?

En totalité (262).

Aux frais de qui est-il traité?

Aux dépens du navire, s'il est tombé malade ou a été blessé au service du navire (262), et aux dépens du navire et du chargement, s'il est blessé en combattant contre les ennemis ou les pirates (263).

Quid s'il est malade par sa faute, ou s'il descend à terre sans autorisation, et qu'il y soit blessé?

Les frais du traitement sont à sa charge, ses loyers ne courent pas, et le capitaine peut le congédier (264), pourvu que ce ne soit pas en pays étranger (270).

Sur quel pied lui paie-t-on alors ses loyers?

A proportion du temps qu'il a servi (*ib.*, § 2).

§ VII.

Quid si le matelot meurt dans le voyage?

Si c'est en défendant le navire, ses loyers sont dus en entier pour tout le voyage, si le navire arrive à bon port (265, § 5).

Pourquoi pas si le navire périt?

Parcequ'alors le matelot ne pourrait prétendre aucun loyer (258).

Quid si le matelot meurt naturellement, ou pas en défendant le navire?

Ses loyers sont dus à sa succession jusqu'au jour de sa mort, s'il est engagé au mois; quand il est engagé au *voyage,* la moitié de ses loyers est due s'il meurt en allant ou au port d'arrivée, et le total s'il meurt en revenant (263, § 2).

Quid s'il est engagé au fret ou au profit?

Ses héritiers peuvent réclamer sa part entière dans le fret ou le profit, s'il meurt après le voyage commencé (265, § 4).

Pourquoi cette différence?

Pour encourager les engagements au fret ou au profit. (Valin.)

§ VIII.

Par quel temps se prescrivent les actions en paiement de loyers de matelots?

Par l'intervalle d'un an depuis le voyage (433) ; à moins qu'il n'y ait eu cédule , obligation , arrêté de compte ou interpellation judiciaire (434).

TITRES VI, VII ET VIII.

DES CHARTES-PARTIES , AFFRÈTEMENTS OU NOLISSEMENTS ; DES CONNAISSEMENTS, DU FRET.

Qu'appelle-t-on *charte-partie,* affrètement ou nolissement ?

Toute convention pour louage d'un vaisseau (273).

Comment doit-elle être faite ?

Par écrit.

Que doit-elle énoncer ?

Le nom et le port du navire , les noms du fréteur , de l'affréteur [1] et du capitaine ; le prix du fret ; si l'affrètement est total ou partiel ; le lieu et le temps convenu pour la charge et pour la décharge ; l'indemnité convenue en cas de retard (273).

Quid si le temps de la charge ou de la décharge n'est pas convenu ?

Il est réglé par l'usage des lieux (274).

Quid si le capitaine déclare que le navire est d'un tonnage plus fort qu'il n'est réellement ?

Il est tenu de dommages-intérêts envers l'affréteur (289) [2].

---

[1] On nomme *fréteur* celui qui donne le navire , et *affréteur* celui qui le prend à loyer.

[2] *Quid* dans le cas inverse ? Il faut distinguer, selon Pothier, si le na-

Est-ce dans tous les cas?

Non; il ne doit pas de dommages si l'erreur en sa déclaration du tonnage n'excède pas d'un quarantième le vrai tonnage, ou si la déclaration est conforme au certificat de jauge (290).

Comment nomme-t-on le prix du loyer des navires?

Le *fret* ou *nolis* (286).

Comment est-il fixé et constaté?

Il est réglé par les conventions des parties, et constaté par la charte-partie ou le connaissement (286, § 2).

Qu'y a-t-il d'affecté spécialement à l'exécution des conventions des parties?

Le navire, les agrès, les apparaux, le fret et les marchandises chargées (280).

§ Ier.

Des diverses espèces de louages de navires.

Comment peut-on louer un navire?

En tout ou en partie (273, § 8).

De combien de manières peut-on le louer en totalité?

A tant par mois, ou moyennant une somme fixe pour un voyage ou un temps limité (286, § 4).

De quand court le fret si le navire est frété au mois?

Du jour où il fait voile, sauf convention contraire (275).

De combien de manières peut-on louer un navire en partie?

---

vire est loué en entier ou s'il est loué au quintal ou au tonneau : au premier cas, aucune augmentation n'est due; au second, l'affréteur doit autant de fret qu'il charge de quintaux ou qu'il occupe de tonneaux. (De la charte-partie, n° 44.)

A *forfait*, c'est-à-dire pour une somme fixe, soit qu'on indique ou non le poids des objets à charger.

A *quintal*, c'est-à-dire à tant par quintal ; au *tonneau*, ou à tant par tonneau, c'est-à-dire par quarante-deux pieds cubes que tiendront les marchandises ; *purement* ou à *cueillette* : quand le louage est pur et simple, le capitaine doit partir au temps convenu, au lieu que le louage étant à cueillette, le fréteur peut chercher à compléter le chargement jusqu'à une époque à laquelle le contrat peut être annulé si le chargement n'est pas complet.

§ II (TIT. VII DU CODE).

Du connaissement.

Qu'est-ce qui constate le chargement des marchandises sur le vaisseau loué ?

Une reconnaissance du capitaine, nommée *connaissement* (222).

Que doit-elle exprimer ?

La nature et la quantité, ainsi que les espèces ou qualités des objets à transporter, le nom du chargeur, le nom et l'adresse de celui à qui l'expédition est faite, le nom et le domicile du capitaine, le nom et le tonnage du navire, le lieu du départ et celui de la destination, le prix du fret. Il doit porter en marge les marques et numéros des objets à transporter (281).

En combien d'originaux doit être fait le connaissement ?

En quatre au moins, dont un pour le chargeur, un pour celui à qui les marchandises sont adressées, un pour le capitaine, un pour l'armateur du bâtiment. Tous doivent être signés par le chargeur et le capitaine, dans les vingt-quatre heures après le chargement (282). Le chargeur doit fournir au capitaine, dans le même délai, les acquits des marchandises chargées (*ibid.*, § 7).

Quel est l'effet du connaissement ainsi rédigé?

Il fait foi entre toutes les parties intéressées au chargement, et entre elles et les assureurs (283) ; mais voyez 344 et 384.

Quid en cas de diversité entre les connaissements d'un même chargement ?

Celui qui est entre les mains du capitaine fait foi s'il est rempli de la main du chargeur ou de celle de son commissionnaire, et celui qui est présenté par le chargeur ou le commissionnaire est suivi s'il est rempli de la main du capitaine (281).

Dans quelle forme, autre que celle ci-dessus, peut être le connaissement ?

On peut le faire à ordre, ou au porteur, ou à personne dénommée (281).

§ III.

L'affréteur est-il obligé de donner toute la charge qu'il a promise ?

Non, mais il doit tout le fret (288).

Mais le capitaine peut-il compléter la charge ?

Il ne le peut qu'avec le consentement de l'affréteur, qui profite du fret du complément (287, § 2).

Quid si au contraire l'affréteur charge plus qu'il n'est convenu ?

Il paie l'excédant sur le prix réglé par la charte-partie (288, § 2).

Que peut faire le capitaine s'il trouve dans son navire des marchandises non déclarées ?

Les faire mettre à terre dans le lieu du chargement, ou en prendre le fret au plus haut prix qui sera payé dans le même lieu pour les marchandises de même nature (292).

Quid si l'affréteur rompt le voyage avant le départ?

Si c'est avant d'avoir rien chargé, il paie en indemnité la moitié du fret convenu pour le chargement qu'il devait faire (288, § 3).

Quid s'il a chargé quelque chose?

Il doit le fret entier, à moins qu'il n'ait loué le navire à cueillette; en ce deuxième cas, il doit le demi-fret, les frais de charge, ainsi que ceux de décharge et de rechargement des autres marchandises qu'il a fallu déplacer, et ceux du retardement (291). S'il retire ses marchandises pendant le voyage, il doit aussi payer tout le fret, et tous les frais de déplacement causés par le déchargement (293). Si les marchandises sont retirées pour cause des faits du capitaine, celui-ci paie tous les frais (*ib.*).

Pourquoi le chargeur doit-il seulement le demi-fret lorsque l'affrètement est à cueillette, tandis qu'il en doit la totalité lorsqu'il a loué le vaisseau d'une autre manière, et qu'il a donné une partie de son chargement?

C'est que lorsque l'affrètement est à cueillette le capitaine ne doit pas partir à jour fixe, et qu'il a plus de facilité pour trouver un nouveau chargeur, et que d'ailleurs, dans cette espèce d'affrètement, l'affréteur risque de faire un chargement inutile.

§ IV.

Quid si avant le départ du navire il y a interdiction de commerce avec le pays pour lequel il est destiné?

La charte-partie est résolue sans dommages-intérêts de part ni d'autre, et le chargeur paie la charge et la décharge de ses marchandises (276).

Quid s'il n'y a que retard par force majeure ?

Les conventions subsistent sans dommages-intérêts (277).

Mais le chargeur est-il obligé de laisser ses marchandises dans le navire pendant l'arrêt?

Il peut les décharger à ses frais, à condition de les recharger ou d'indemniser le capitaine (278).

Quid si le navire est arrêté au départ par l'effet de l'affréteur ou du capitaine?

L'un ou l'autre doit les frais du retardement (294, § 1).

§ V.

Quid si le vaisseau est arrêté pendant le voyage par l'ordre d'une puissance?

Il n'est dû aucun fret pour le temps de la détention, s'il est affrété au mois, ni augmentation de fret, s'il l'est au voyage (300).

Quid s'il est arrêté par la faute de l'affréteur ou du capitaine?

L'un ou l'autre doit les frais du retardement, réglés par experts (294).

Quid si, ayant été frété pour *l'aller et le retour,* le navire retourne sans chargement ou avec un chargement incomplet?

Le fret entier est dû au capitaine, ainsi que l'intérêt du retardement (294-295).

Que doit l'affréteur s'il arrive interdiction de commerce avec le pays pour lequel le navire part, et qu'il soit forcé de revenir avec son chargement?

Il ne doit que le fret de l'aller, lors même que le vaisseau serait affrété pour l'aller et le retour (299).

Quid si le vaisseau a besoin de radoub durant le voyage?

L'affréteur doit attendre, ou payer tout le fret (296, § 1).

Que doit faire le capitaine si le vaisseau ne peut être radoubé?

En louer un autre, et s'il ne le peut, le fret n'est dû

qu'à proportion de ce que le voyage est avancé (296).
Si le retard provient du capitaine, celui-ci doit des dommages-intérêts réglés par experts (297).

§ VI.

En quel cas le capitaine perd-il son fret et doit-il des dommages-intérêts?

Lorsque le chargeur prouve que le navire était hors d'état de naviguer quand il a fait voile; la preuve est admissible nonobstant et contre les certificats de visite au départ (297).

Il n'est dû non plus aucun fret si les marchandises sont perdues par naufrage et échouement, prises par des pirates ou ennemis, et le capitaine restitue les avances qu'on lui a faites, sauf conventions contraires (302).

Mais *quid* si le navire et les marchandises sont rachetées, ou si les marchandises sont sauvées du naufrage?

Le capitaine a droit au fret jusqu'au lieu de la prise ou du naufrage, et à tout le fret s'il contribue au rachat et conduit les marchandises à leur destination (303).

Comment se fait la contribution pour rachat?

Sur le prix courant des marchandises au lieu de leur décharge[1], et sur la moitié du navire et du fret, déduction faite des frais. Les loyers des matelots ne contribuent point (304).

Le capitaine a-t-il droit au fret des marchandises jetées à la mer pour le salut commun?

Oui, mais à la charge de contribution (301), c'est-à-dire que le montant du fret de ces marchandises sera compris

---

[1] Voy. plus bas, tit. Du Jet et de la Contribution.

dans la somme pour la moitié de laquelle le capitaine doit contribuer au paiement des effets jetés (M. Delvincourt, p. 192, not. 1).

A-t-il droit à celui des marchandises qu'il a vendues pour nécessité du navire?

Oui, mais en tenant compte de leur valeur aux prix que le reste ou autre pareille marchandise de même qualité sera vendu au lieu de la décharge si le navire arrive à bon port (298).

Quid si le navire se perd ?

Le capitaine tient compte des marchandises sur le prix qu'il les aura vendues, en retenant le fret porté aux connaissements à proportion de l'avancement du voyage (298).

Le chargeur peut-il se décharger du fret par l'abandon des marchandises diminuées de prix ou détériorées par leur vice ou cas fortuit?

Non, à moins qu'elles ne consistent en liquides, qui ont coulé au point que les futailles sont vides ou presque vides, parceque les liquides, principal objet du transport, s'étant perdus, n'ont pas été transportés. L'affréteur peut alors abandonner les futailles pour le fret (310).

Le capitaine peut-il demander le fret des marchandises retirées par le chargeur pendant le voyage?

Oui, il peut le demander en entier : le chargeur doit même tous les frais de déplacement qu'il occasione, à moins que ses marchandises ne soient retirées par le fait ou la faute du capitaine. Dans ce dernier cas, le capitaine répond de tous ses frais (293).

Quand est dû le fret?

Au débarquement des marchandises.

Que peut faire le capitaine s'il n'est payé ?

Demander le dépôt des marchandises en mains tierces, jusqu'au paiement du fret, mais il ne peut les retenir dans son navire (306).

Quid si le consignataire refuse les marchandises ?

Le capitaine peut, par autorité de justice, en faire vendre pour le paiement de son fret, et faire ordonner le dépôt du surplus (305).

Quid si les marchandises ne suffisent pas ?

Le capitaine a recours contre le chargeur (*ibid*, § 2).

Quel privilége a le capitaine pour son fret ?

Il est préféré à tous créanciers sur les marchandises du chargement, pendant quinzaine après leur délivrance, si elles n'ont passé en mains tierces (307).

Quid si les chargeurs ou réclamateurs tombent en faillite pendant la quinzaine ?

Le capitaine est privilégié sur tous les créanciers pour le paiement du fret et des avaries qu'on lui doit (308).

En quel cas le chargeur peut-il demander qu'on diminue le prix du fret quand les marchandises sont arrivées sans retard et en bon état à leur destination ?

En aucun (309).

Par quel délai se prescrit l'action du chargeur en délivrance des marchandises ?

Par un an après l'arrivée du navire.

Quid de celle du capitaine pour paiement du fret ?

Même délai à partir de la fin du voyage, s'il n'y a obligation, cédule, arrêté de compte ou interpellation judiciaire (433-434).

TITRE IX.

DES CONTRATS A LA GROSSE.

§ Ier.

Qu'appelle-t-on contrat à la grosse ?

Un contrat par lequel on prête une somme sur un vaisseau ou des objets chargés dans un vaisseau, à condition qu'on la perdra s'ils périssent par fortune de mer, ou que l'emprunteur la remboursera et donnera un certain profit, nommé *profit maritime*, si le navire ou la cargaison arrive à bon port.

Par qui peut être fait l'emprunt à la grosse?

Par les propriétaires des objets sur lesquels se fait l'emprunt, ou par le capitaine, qui doit être autorisé par eux si l'emprunt se fait dans le lieu de leur demeure (321). (*Voy.* tit. IV, Du Capitaine, et plus bas § IV.)

Sur quoi peut-on emprunter à la grosse?

Sur ce qu'on a et qu'on peut perdre, jamais sur ce qu'on pourra avoir, parceque l'emprunteur doit trouver dans l'emprunt, non pas un moyen de gagner, mais un moyen de ne pas perdre.

Quels sont donc les objets sur lesquels le prêt peut être fait?

Sur le corps et quille du navire, sur les agrès et apparaux, l'armement, les victuailles et le chargement; sur tous ces objets à la fois, ou sur une partie déterminée de chacun d'eux (315); d'après le même principe, tout emprunt sur le fret à faire du navire et sur le profit espéré des marchandises est prohibé; et, dans ce cas, le prêteur n'a droit qu'au remboursement du capital, sans intérêts (318). Nul prêt à la grosse ne peut non plus être fait aux matelots ou gens de mer sur leurs loyers ou voyages (319)[1].

Quid si l'emprunt est fait pour une somme excédant la valeur des objets sur lesquels il est affecté?

Il peut être déclaré nul à la demande du prêteur, s'il est

---

[1] On n'a pas voulu livrer le prêteur à la mauvaise foi de l'emprunteur ou des matelots qui n'auraient pas d'intérêt à conserver l'objet sur lequel l'emprunt a été fait.

prouvé qu'il y a fraude de la part de l'emprunteur (316), qui doit rembourser au prêteur toute la somme, mais sans profit maritime (316) [1]; et en cas de perte du navire et du chargement, justifier qu'il y avait pour son compte des effets jusqu'à concurrence de la somme empruntée (329), sans quoi il n'est point libéré par la perte du navire et du chargement.

Quid s'il n'y a pas fraude de la part de l'emprunteur ?

Le contrat est valable jusqu'à concurrence de la valeur des effets affectés à l'emprunt, d'après l'estimation qui en est faite ou convenue. Le surplus de la somme empruntée est remboursé avec intérêt au cours de la place (317).

En quel autre cas que celui ci-dessus le prêteur peut-il faire annuler le contrat ?

Quand l'emprunteur a fait assurer, qu'il y a eu sinistre majeur, et qu'en faisant le délaissement il a omis frauduleusement de déclarer la somme qu'il a prise à la grosse. Alors il doit rembourser cette somme, malgré la perte ou la prise du navire (380).

Pourquoi la loi demande-t-elle cette déclaration ?

Pour qu'on sache si l'emprunt n'est pas sur un objet assuré, contre la prohibition de l'article 347. (*V*. tit. suiv.)

§ II.

Comment doit être fait le contrat à la grosse ?
Devant notaire ou sous seing-privé [2].
Que doit-il énoncer ?

---

[1] Le prêteur n'ayant point couru de risque en ce cas, il ne peut avoir le profit maritime, qui est le prix du risque.

[2] Peut-on prouver par témoin l'existence d'un contrat à la grosse non rédigé par écrit ?

Les auteurs anciens et modernes sont divisés sur ce point. (Voyez MM. Montgalvi et Germain , sur l'art. 311.)

Le capital prêté et la somme convenue pour le profit maritime, les objets sur lesquels le prêt est affecté, les noms du navire, du capitaine, du prêteur et de l'emprunteur; si le prêt a lieu pour un voyage, pour quel voyage et pour quel temps; l'époque du remboursement (311).

Que doit faire le prêteur après la signature du contrat?

S'il est en France, il doit le faire enregistrer au greffe du tribunal de commerce, dans les dix jours de sa date (312).

Sous peine de quoi?

De perdre ses priviléges (*ib.*).

Pourquoi cela?

Pour qu'un emprunteur, près de tomber en faillite, n'antidate pas des billets à la grosse en faveur d'individus qui, par ce moyen, acquerraient un privilége à la préférence de créanciers légitimes.

Quid si le contrat est fait à l'étranger?

Il faut en faire constater la nécessité par un procès-verbal, signé des principaux de l'équipage, et obtenir l'autorisation du consul français, ou, à défaut, du magistrat du lieu (312, 234) [1].

L'acte de prêt à la grosse est-il transmissible?

Oui, il peut être négocié par la voie de l'endossement s'il est à ordre (313) [2].

Que produit cette négociation?

Les mêmes effets et actions en garantie que celle des autres effets de commerce (313), avec cette différence, que la garantie de paiement ne s'étend point au profit maritime si le contraire n'est expressément convenu (314) [3].

---

[1] Voy. note 1re de la page 64.

[2] Il peut être fait au porteur (C. Cass., 27 fév. 1810).

[3] Parceque la garantie de l'endosseur ne doit s'étendre qu'au capital qu'il a reçu.

§ III.

Quels sont les risques que doit supporter le prêteur ?

Il doit contribuer, à la décharge des emprunteurs, à toutes les avaries ; cependant on peut convenir que les avaries simples ne seront pas à sa charge (330) [1].

Quid si les pertes, diminutions ou déchets proviennent du vice des choses ou du fait de l'emprunteur ?

Elles ne sont point à la charge du prêteur (326) ; ainsi il ne supporte pas la perte des marchandises même par fortune de mer, si elles ont été chargées sur un autre navire, à moins qu'il ne soit légalement constaté que ce chargement a eu lieu par force majeure (324).

Quid s'il y a naufrage ?

Si les effets sur lesquels le prêt a eu lieu sont entièrement perdus par cas fortuit, dans les temps et lieu des risques, le prêteur ne peut demander le remboursement des sommes prêtées (325), et si quelques effets affectés sont sauvés, le paiement des sommes empruntées se réduit à la valeur de ces effets, déduction faite des frais de sauvetage (327).

Quel est le temps des risques à la charge du prêteur ?

Celui convenu ; sinon il court, à l'égard du navire, des agrès, apparaux, armement et victuailles, du jour que le navire a fait voile jusqu'au jour où il est ancré ou amarré au port ou lieu de sa destination ; à l'égard des marchandises, le temps des risques court du jour qu'elles ont été chargées dans le navire, ou dans les gabares pour les y porter, jusqu'au jour où elles sont délivrées à terre (328).

---

[1] On ne peut stipuler que le prêteur ne sera pas tenu des avaries communes. Ce serait détruire le risque qui est de l'essence du contrat. (M. Delvincourt, p. 197, note 1.)

§ IV.

Quels sont les objets affectés par privilége au prêteur à la grosse?

Le navire, les agrès, apparaux, l'armement et les victuailles, même le fret acquis, si l'argent a été donné sur le corps et quille du vaisseau (320). Si le prêt a été fait sur le chargement, le chargement y est affecté ; s'il a été fait sur un objet particulier du navire ou du chargement, le privilége ne s'exercera que sur cet objet, et dans la proportion de la quotité affectée à l'emprunt (*ib.*).

Le privilége a-t-il lieu seulement pour la somme prêtée ?

Il a lieu encore pour les intérêts.

Quid si quelques uns des copropriétaires du vaisseau refusent de fournir leur contingent pour mettre le bâtiment en état, et qu'il soit fait un emprunt à la grosse vingt-quatre heures après sommation ?

Leurs parts et portions dans le navire sont affectées au privilége du prêteur (322, 233).

Quid s'il y a plusieurs emprunts à la grosse sur le même objet ?

Le dernier est remboursé de préférence à ceux qui le précèdent. Ainsi les emprunts faits pour le dernier voyage sont remboursés de préférence aux sommes prêtées pour un précédent [1], quand même il serait déclaré qu'elles sont laissées par continuation ou renouvellement (323).

Quid s'il y a contrat à la grosse et assurance sur le même navire ou sur le même chargement?

Le produit des effets sauvés du naufrage est partagé entre le prêteur à la grosse, pour son *capital seulement*,

---

[1] Parceque ce dernier prêt a fait sauver le gage commun.

et l'assureur, pour les sommes assurées, au marc le franc de leur intérêt respectif, sans préjudice des priviléges établis au titre 1er de ce livre (331) [1].

Par quel laps de temps se prescrivent les actions relatives au contrat à la grosse?

Par cinq ans, à partir de la date du contrat (432), à moins qu'il n'y ait eu cédule, obligation, arrêté de compte ou interpellation judiciaire (434).

TITRE X.

DES ASSURANCES.

§ 1er.

Qu'est-ce que le contrat d'assurance maritime?

Un contrat par lequel un individu, moyennant une somme nommée prime, s'oblige d'indemniser un autre de la perte ou des avaries d'un vaisseau ou de marchandises exposées à des risques maritimes.

---

[1] Cet article suppose le cas où le chargeur a emprunté une somme inférieure à la valeur de la cargaison, et a fait assurer le surplus. Par exemple, Pierre charge pour 100,000, il emprunte 50,000 et assure les 50,000 restant du chargement. Si au contraire il empruntait 100,000 fr. , et faisait assurer pour la même somme, l'assurance serait nulle, parcequ'elle aurait pour objet des sommes empruntées à la grosse (347). Il paraît exister entre les §§ 9 et 10 de l'article 191 et l'article 331 une antinomie qu'on peut lever en disant que dans le dernier de ces articles l'assureur concourt avec le prêteur, parcequ'il s'agit des *sommes assurées*, tandis que dans l'article 191 il s'agit de la *prime*, qui est un bénéfice pour lui. En d'autres termes, dans l'article 331, l'assureur *certat de damno vitando*, et dans l'article 191, *De lucro captando* (M. Delvincourt, p. 125 , n° 8).

Comment doit être rédigé ce contrat?

Par écrit public ou sous seing-privé sans aucun blanc (332) [1].

Que doit-il énoncer?

La date du jour auquel il est souscrit, s'il est fait avant ou après midi, le domicile de celui qui fait assurer, sa qualité de propriétaire ou de commissionnaire (les nom et désignation du navire, le nom du capitaine, à moins que le chargement assuré ne soit fait aux Échelles du Levant ou autre partie du monde pour l'Europe (337); mais s'il n'y a convention contraire, la police doit indiquer à qui est faite ou doit être consignée l'expédition), le lieu où les marchandises ont été ou doivent être chargées, le port d'où le navire a dû ou doit partir, les ports ou rades dans lesquels il doit charger ou décharger, ceux dans lesquels il doit entrer, la nature et la valeur ou l'estimation des marchandises ou objets qu'on fait assurer (332). On doit désigner spécialement dans la police ceux qui, par leur nature, peuvent se détériorer, diminuer, ou couler; sinon les assureurs ne répondent pas des dommages ou pertes qui arrivent à ces objets, si ce n'est toutefois que l'assuré eût ignoré la nature du chargement lors de la signature de la police, ou que le chargement soit fait hors d'Europe pour l'Europe (355, 337).

Que doit encore énoncer la police d'assurance?

Les temps auxquels les risques doivent commencer et finir, la somme assurée, la prime, ou le coût de l'assurance, la soumission des parties à des arbitres en cas de contestation, si elle a été convenue, et généralement toutes les autres conditions dont les parties sont convenues (332).

---

[1] Le contrat d'assurance doit-il être rédigé par écrit sous peine de nullité? *Voy.* M. Delvincourt, pag. 222, not. 2. Jugé qu'un contrat d'assurance était nul, parcequ'il n'était pas double. (Sirey, t 17, p. 225, 1re part.)

Peut-il y avoir plusieurs assurances dans la même police ?

Oui, soit à raison des marchandises, soit à raison du taux de la prime, soit à raison de différents assureurs (333).

Que peut-on faire assurer ?

Ce qu'on a et ce qu'on peut perdre par fortune de mer.

Ainsi l'assurance peut avoir pour objet le corps et quille du vaisseau vide ou chargé, armé ou non, seul ou accompagné ; les agrès et apparaux, les armements, les victuailles, les sommes prêtées à la grosse, les marchandises du chargement, et toutes autres choses en valeurs estimables à prix d'argent, sujettes aux risques de la navigation (334) ; le coût que l'assuré a payé pour une première assurance (342). L'assureur peut lui-même faire réassurer, pour une prime plus ou moins forte que celle de l'assurance, les objets qu'il a assurés (*ib.*) [1]. Tous ces divers objets peuvent être assurés en tout ou en partie, conjointement ou séparément, en temps de paix ou de guerre, avant ou pendant le voyage du vaisseau, pour l'aller et le retour [2], ou pour l'un des deux, pour le voyage entier ou pour un temps limité, pour tous voyages et transports par mer, rivières et canaux navigables (335).

Quelles sont les choses qu'on ne peut assurer ?

Le fret des marchandises existantes à bord du navire, le profit espéré des marchandises, les loyers des gens de mer, les sommes empruntées à la grosse, le profit maritime des sommes prêtées à la grosse (347) [3], les marchan-

---

[1] L'assureur qui se fait réassurer ne peut faire assurer la prime de la première assurance, parcequ'il ne peut pas la perdre. Valin et Pothier. Émérigon pense le contraire.

[2] On nomme cette assurance, assurance à prime liée.

[3] Voy. note 1 de la page 84.

dises une fois assurées (359), et toutes les choses qu'on n'a pas ou qu'on ne peut perdre.

Pourquoi doit-on avoir et ne pas pouvoir perdre ce qu'on veut faire assurer?

Parceque l'assurance doit être pour l'assuré un moyen de ne pas perdre, mais non pas de gagner.

Quid si le contrat d'assurance est consenti pour une somme excédant la valeur des effets chargés?

En vertu du principe ci-dessus, il est nul à l'égard de l'assuré, seulement s'il y a fraude ou dol de sa part (357).

Quid s'il n'y a ni dol ni fraude?

Le contrat est valable jusqu'à concurrence de la valeur des effets chargés, d'après l'estimation faite ou convenue (358) '.

L'assureur reçoit-il la prime ou coût d'assurance de l'excédant?

Non, mais il peut réclamer une indemnité de demi pour cent (*ib.*) ².

Quid, dans ce cas, s'il y a plusieurs assureurs pour le même chargement?

S'ils sont tous liés par le même contrat, ils contribuent, en cas de perte, chacun à proportion des sommes par eux assurées (358); s'il existe au contraire plusieurs contrats faits sans fraude sur le même chargement, et que le premier assure toute la valeur des effets chargés, il subsiste seul (359).

Et qu'arrive-t-il à l'égard des assureurs qui ont signé les contrats subséquents?

Ils sont libérés de l'assurance, mais ils ne peuvent exi-

' Cela s'appelle ristorne ou ristourne sur la Méditerranée.

² L'assureur a-t-il droit à cette indemnité quand il fait annuler le contrat pour fraude de l'assuré? Oui, selon Valin; non, selon **M. Delvincourt**, p. 210, not. 3.

ger aucune prime, et ils reçoivent seulement un demi pour cent de la somme assurée (359, § 2).

Quid si le premier contrat n'assure pas tous les effets chargés?

Les assureurs signataires des contrats subséquents répondent de l'excédant, en suivant l'ordre de la date des contrats (*ib.*, § 3).

Quid enfin si le montant de toutes les assurances n'excède pas la valeur de la cargaison?

En cas de perte d'une partie, elle est payée par tous les assureurs au marc le franc de leur intérêt (360).

§ II.

Comment se fait la preuve du chargement?

Par le connaissement (283) sans préjudice de la preuve contraire par l'assureur (384).

Mais comment doit être le connaissement si le chargement est fait pour le compte du capitaine?

Il doit être signé par deux des principaux de l'équipage; le capitaine doit justifier aux assureurs l'achat des marchandises (345); le capitaine doit aussi, de même que que tout homme de l'équipage et tout passager qui apportent de l'étranger des marchandises en France, laisser un connaissement de ces marchandises, dans les lieux où le chargement se fait, au consul français, et à défaut, à un Français notable négociant, ou au magistrat du lieu (345).

Comment peut être justifiée la valeur des marchandises non constatée par le contrat d'assurance?

Par les factures ou les livres, et à leur défaut on les estime suivant le prix courant au temps et au lieu du chargement, y compris tous les droits payés et les frais faits jusqu'à bord (339). Si l'assurance est faite sur le retour d'un pays où le commerce ne se fait que par troc, et que l'estimation des marchandises ne soit pas dans la police, elle sera réglée sur le pied de la valeur de celles données en échange, en y joignant les frais de transport (340).

Comment évalue-t-on les effets dont le prix est stipulé dans le contrat en monnaie étrangère?

Au prix que cette monnaie vaut en France, suivant le cours à l'époque de la signature de la police (338) [1].

Quid s'il y a fraude dans l'estimation des effets assurés, supposition ou falsification?

L'assureur peut faire procéder à l'estimation et vérification, sans préjudice de toutes autres poursuites, soit civiles, soit criminelles (336).

§ III.

Comment est fixée la prime d'assurance?

Par la police et d'après la volonté des parties (333, § 19).

Quid si la police a été faite pendant la paix, et qu'on ait stipulé pour le cas de guerre une augmentation non déterminée?

Cette augmentation est réglée par les tribunaux, eu égard aux risques, aux circonstances et aux stipulations de chaque police d'assurance (343) [2].

La prime de réassurance de l'assureur au réassureur doit-elle être égale à la prime d'assurance?

---

[1] Cette disposition a pour but de prévenir les manœuvres des négociants qui feraient un chargement de marchandises de 50,000 dans un pays où cette somme ne vaut que 25,000 de France, et se feraient assurer en France pour 50,000, de manière à gagner 50 pour 100 en cas de perte de la cargaison.

[2] *Quid* s'il n'a pas été stipulé d'augmentation de prime pour le cas de guerre. Pothier pense que l'assureur a droit à une augmentation. (*Traité du contrat d'assurance.*)

Non, elle peut être plus ou moins forte (342).

Quand doit être payée la prime?

Dès que les risques sont courus par l'assureur, quoique le voyage ait été raccourci (364).

§ IV.

En quel cas l'assurance peut-elle être annulée?

1° S'il y a réticence [1], fausse déclaration de la part de l'assuré, ou quelque différence entre le contrat d'assurance et le connaissement, qui diminuent l'opinion du risque ou en changent le sujet, lors même que la réticence ou la fausse déclaration n'influent pas sur le dommage ou la perte de l'objet assuré (348).

2° Si le contrat a été consenti pour une somme excédant la valeur des effets chargés, et s'il y a fraude ou dol de la part de l'assuré. S'il n'y a dol, le contrat subsiste jusqu'à concurrence des effets chargés (357, 8).

3° Si l'assurance a pour objet une chose qui ne peut être assurée (347).

4° Si le voyage est rompu avant le départ du vaisseau, même par le fait de l'assuré. L'assureur reçoit alors, à titre d'indemnité, demi pour cent de la somme assurée (349).

Quid si le voyage n'est pas rompu avant le départ du vaisseau, mais si le vaisseau a pour objet des marchandises pour l'aller et le retour, et si étant parvenu à sa première destination, il ne se fait point de chargement en retour, ou si le chargement en retour est incomplet?

L'assureur reçoit alors les deux tiers proportionnels de la prime convenue, sauf stipulation contraire (356).

En quels autres cas l'assurance est-elle nulle?

---

[1] Frauduleuse ou non. (Aix, 8, 86, 1813.)

1° Quand l'assurance est précédée d'une autre qui garantit entièrement le même objet (359).

2° Quand l'assurance est faite après la perte ou l'arrivée des objets assurés, et qu'il y a présomption qu'avant la signature, l'assuré a pu savoir sa perte, ou l'assureur l'arrivée des objets assurés (365).

Quand existe cette présomption ?

Lorsqu'en comptant trois quarts de myriamètre (une lieue et demie) par heure, sans préjudice des autres preuves, il est établi que de l'endroit de l'arrivée ou de la perte du vaisseau, ou du lieu où la première nouvelle en est arrivée, elle a pu être portée dans le lieu où le contrat d'assurance a été passé, avant la signature du contrat (366).

En quel cas cette présomption n'est-elle pas admissible ?

Lorsque l'assurance est faite sur *bonnes ou mauvaises nouvelles*. Alors le contrat n'est annulé que sur la preuve que l'assuré savait la perte, ou l'assureur l'arrivée du navire avant la signature du contrat (367).

Quid si cette preuve a lieu ?

Si c'est contre l'assuré, il est condamné à payer une double prime à l'assureur ; si c'est contre l'assureur, il paie à l'assuré une somme double de la prime convenue (368), et celui des deux contre qui la preuve est faite est poursuivi correctionnellement (*ib.*) [1].

En quel autre cas la police peut-elle être annulée ?

L'assuré peut en demander la résiliation, ou demander caution à l'assureur lorsque celui-ci tombe en faillite avant la fin des risques : l'assureur qui n'a pas reçu la prime a le même droit en cas de faillite de l'assuré (346).

---

[1] Cette peine n'a pas lieu quand, la clause n'existant pas, le contrat n'est annulé que par l'effet de la présomption légale. (M. Delvincourt, d'après l'avis de Pothier contre celui de Valin.

§ VI.

Quels sont les dommages et pertes des objets assurés aux risques des assureurs?

Tous ceux arrivés par tempête, naufrage, échouement, abordage fortuit, changements forcés de route, de voyage ou de vaisseau, jet, feu [1], prise, pillage, arrêt par ordre de puissance, déclaration de guerre, représailles, et généralement toutes les autres fortunes de mer (350), à moins que, par une clause nommée *franc d'avaries*, les assureurs ne soient affranchis de toutes avaries soit communes, soit particulières, excepté dans les cas qui donnent ouverture au délaissement (409).

Qu'arrive-t-il en ces cas?

Les assurés ont l'option entre le délaissement et l'exercice d'action d'avarie (*ib*).

Quid si le changement de route, de voyage ou de vaisseau, ou les pertes et dommages, proviennent du fait de l'assuré?

Ces avaries ne sont point à la charge de l'assureur, et la prime lui est acquise s'il a commencé à courir les risques (351).

Quid s'il arrive aux objets chargés des déchets, diminutions ou pertes par le vice propre de la chose, ou des dommages par le fait et la faute des propriétaires affréteurs ou chargeurs?

Ils ne sont pas à la charge de l'assureur (352).

Quid des prévarications ou des fautes commises par le capitaine ou l'équipage?

---

[1] Ce mot ne doit pas s'entendre du feu occasioné par la faute ou l'imprudence des mariniers. (Aix, 10 décembre 1821.)

L'assureur n'est pas tenu s'il n'y a convention contraire (353).

L'assureur est-il tenu du pilotage, touage, lamanage, et des droits imposés sur le navire ou les marchandises ?

Non (354), parceque ces frais ne sont pas des avaries, mais des frais ordinaires.

§ VII.

Combien durent les risques pour l'assureur ?

Pendant tout le voyage, pour un temps limité, ou pour une partie du voyage, selon la stipulation contenue dans la police d'assurance. Dans les deux derniers cas, l'assureur est libre après l'expiration du temps, ou quand la partie désignée du voyage est finie, et l'assuré peut faire assurer les nouveaux risques (363).

Quid si le contrat ne fixe ni la durée des risques, ni le moment où ils commencent ?

Les risques commencent et finissent ainsi qu'il est établi pour les contrats à la grosse (341), c'est-à-dire, par rapport aux agrès, apparaux, armement et victuailles du jour de la mise à voile à celui de l'ancrage et amarrage du vaisseau au lieu de sa destination ; et à l'égard des marchandises, du jour qu'elles ont été chargées dans le navire ou dans les gabares, pour y être portées, jusqu'au jour où elles sont délivrées à terre (328). Si le capitaine a la liberté d'entrer dans différents ports pour compléter ou échanger son chargement, l'assureur ne court les risques des effets assurés que s'ils sont à bord, s'il n'y a convention contraire (362).

Quid si les risques arrivent dans les temps ci-dessus, mais dans d'autres lieux que ceux fixés par la police ?

Ils ne sont point à la charge de l'assureur si le changement de lieu est volontaire. Ainsi tout changement de route de voyage ou de vaisseau, par le fait de l'assuré, ne sont pas à la charge de l'assureur, qui est aussi déchargé et gagne la prime si l'assuré envoie le vaisseau en un lieu plus éloigné que celui désigné par le contrat, quoique sur la même route (364).

De même si l'assurance a lieu divisément pour des marchandises qui doivent être chargées sur plusieurs vaisseaux désignés avec énonciation de la somme assurée sur chacun, et si le chargement entier est mis sur un seul vaisseau, ou sur un moindre nombre qu'il n'en est désigné dans le contrat, l'assureur n'est tenu que de la somme qu'il a assurée sur le vaisseau ou sur les vaisseaux qui ont reçu le chargement, nonobstant la perte de tous les vaisseaux désignés ; et il recevra demi pour cent des sommes dont les assurances sont annulées (361).

§ VIII.

Du délaissement.

Qu'est-ce que le délaissement ?

C'est l'acte par lequel l'assuré abandonne le restant des objets assurés à l'assureur, qui doit lui payer la somme assurée [1].

En quel cas peut être fait le délaissement ?

En cas de prise, de naufrage, d'échouement avec bris d'innavigabilité par fortune de mer, d'arrêt d'une puissance, de perte ou de détérioration des effets assurés, si la détérioration ou la perte va à trois quarts de leur valeur (369).

Quid relativement à tous autres dommages ?

---

[1] Quand doit être payée la somme ? *Voy.* § 9.

Ils sont réputés avaries, et se règlent entre les assureurs les assurés à raison de leurs intérêts (371).

Le délaissement peut-il être fait avant le voyage comencé?

Non, parceque les risques ne sont pas commencés (370).

Comment doit être fait le délaissement?

Purement et simplement, mais jamais partiellement ni conditionnellement (372).

Sur quoi peut-il s'étendre?

Il ne s'étend qu'aux effets qui sont l'objet de l'assurance et du risque (372).

Quid par rapport au fret?

Il fait partie du délaissement du navire, et appartient également à l'assureur, sans préjudice des droits des prêteurs à la grosse, de ceux des matelots pour leur loyer, et des frais et dépenses pendant le voyage (386).

Que doit faire l'assuré pour que le délaissement soit valable?

Signifier à l'assureur les causes du délaissement, dans les trois jours qu'il les a apprises (374) [1].

Quid si le délaissement a pour cause la prise du vaisseau?

L'assuré peut faire le délaissement dans la signification qu'il doit faire à l'assureur (378), ou se réserve de le faire dans les délais légaux. (*Voy.* § x.)

Quid, si, moyennant une rançon, le vaisseau est rendu par ceux qui l'avaient pris?

Si l'assuré n'a pu en donner avis à l'assureur, il peut racheter les effets sans attendre son ordre; mais il doit lui

---

[1] L'assuré doit aussi faire savoir tous les accidents aux risques des assureurs, lors même qu'ils ne donneraient pas lieu au délaissement (*ib.*).

signifier la composition qu'il a faite, dès qu'il le peut (395).

Que doit faire alors l'assureur?

Prendre à son compte la composition ou y renoncer, et il doit notifier son choix à l'assuré vingt-quatre heures après la signification de la composition (396).

A quoi est-il tenu s'il prend la composition pour son compte?

A contribuer sans délai au paiement du rachat dans les termes de la convention, et à proportion de son intérêt; et il continue de courir les risques du voyage (396).

Quid s'il renonce au profit de la composition?

Il doit payer la somme assurée sans pouvoir rien prétendre aux effets rachetés (*ib.*).

Quid s'il ne notifie pas son choix dans vingt-quatre heures?

Il est censé renoncer au profit de la composition.

Que doit faire l'assuré si le délaissement a pour cause le naufrage ou l'échouement du vaisseau?

Faire à l'assureur la notification exigée pour le cas de prise, et travailler au recouvrement des effets naufragés, sans préjudice du délaissement à faire en temps et lieu.

Sur son affirmation les frais de recouvrement lui sont remboursés jusqu'à concurrence de la valeur des effets recouvrés (381).

Faut-il que le naufrage soit prouvé pour donner lieu au délaissement?

Non; si, après un an expiré, à compter du jour du départ du navire, ou du jour auquel se rapportent les dernières nouvelles reçues pour les voyages ordinaires, après deux ans pour les voyages de long cours, l'assuré déclare n'avoir point reçu de nouvelles de son navire, il peut faire le délaissement à l'assureur et demander le paiement de l'assurance, sans attester la perte (375).

Mais dans ce cas, en quel temps est présumé avoir eu lieu le naufrage?

Dans le temps de l'assurance, si le temps de l'assurance est limité, quand même le temps des risques serait expiré avant celui fixé pour la présomption de naufrage; cependant l'assureur ne doit être poursuivi qu'après les délais indiqués à la réponse précédente (376).

En quel état doit être le vaisseau pour être délaissé à titre d'innavigabilité?

Il doit ne pouvoir être relevé, réparé, ni mis en état de continuer sa route. Hors ces cas, l'assuré conserve seulement son recours sur les assureurs pour les frais et avaries causés par l'échouement (389).

A quelle époque et comment peut être fait le délaissement pour innavigabilité?

Dans le même acte que la notification de l'innavigabilité, si l'assurance a pour objet le vaisseau même (374-378).

Quand doit être faite cette notification?

Dans les trois jours de la réception de la nouvelle (390).

Quid si l'assurance a pour objet la cargaison ?

L'assuré ne peut faire le délaissement qu'après l'expiration des délais pendant lesquels le capitaine doit faire toutes diligences pour se procurer un autre navire à l'effet de transporter les marchandises au lieu de leur destination (391), c'est-à-dire de six mois de la signification dans les mers d'Europe, dans la Méditerranée ou dans la Baltique, et d'un an dans un pays plus éloigné (387). .

En quel cas ces délais sont-ils réduits?

Quand les marchandises sont périssables, ils sont réduits à un mois et demi pour le premier cas, et à trois mois pour le second (*ib.*).

Qui paie les frais de déchargement, magasinage, embarquement de fret, quand le capitaine se procure un autre navire en cas d'échouement du premier?

L'assureur qui paie aussi tous les autres frais pour sauver les marchandises jusqu'à concurrence de la somme assurée (393), et court les risques auxquels elles sont exposées, après qu'on les a chargées dans un autre navire (392).

Quid du délaissement pour perte ou détérioration des marchandises assurées?

Il peut être fait dans la signification de la perte que l'assuré doit faire à l'assureur dans les trois jours de la réception d'avis (378, 374).

Quid si le délaissement a pour cause l'arrêt d'une puissance?

Même signification que pour le délaissement à tout autre titre; mais il ne peut être fait qu'après les délais établis pour le délaissement des marchandises à titre d'innavigabilité.

De quand courent ces délais?

Du jour de la signification de l'arrêt à l'assureur (387).

Que doivent faire les assurés pendant ces délais?

Toutes diligences qui peuvent dépendre d'eux, à l'effet d'obtenir la main-levée des effets arrêtés. Les assureurs peuvent en faire aussi, mais ils n'y sont pas obligés (388).

§ IX.

Qu'arrive-t-il après le délaissement?

S'il est signifié, accepté, ou jugé valable, les effets assurés appartiennent à l'assureur, à partir de l'époque du délaissement, et l'assureur doit payer la somme assurée (385). Il ne peut se dispenser de la payer sous prétexte du retour du navire.

Quand doit être payée cette somme?

A l'époque fixée par la police, et à défaut dans trois mois après la signification du délaissement (382), à moins que l'assuré n'ait pas déclaré les assurances ou emprunts à la grosse qu'il a faits sur les objets assurés. Alors le délai du paiement est suspendu jusqu'au jour où il fera cette notification , sans qu'il en résulte aucune prorogation du délai établi pour le délaissement (379).

Quand l'assureur peut-il se dispenser de payer ?

Quand le chargement n'est pas conforme à celui déclaré par l'assuré (384) , ou par les actes justificatifs du chargement, que l'assuré doit lui notifier avant de le poursuivre en paiement des sommes assurées (383).

Quand l'assuré a frauduleusement déclaré avoir fait des assurances ou des emprunts à la grosse sur les objets assurés (380).

L'admission de l'assureur à la preuve empêche-t-elle qu'il ne soit condamné à payer provisoirement la somme assurée ?

Non , mais l'assuré doit donner caution (384).

Combien dure l'engagement de cette caution ?

Quatre ans , s'il n'y a poursuite (*ib.*).

§ X.

Quand ne peut plus être fait le délaissement ?

Six mois après la réception de la nouvelle de la perte arrivée aux ports ou côtes de l'Europe , ou sur celles de l'Asie et de l'Afrique, dans la Méditerranée ; ou bien , en cas de prise , de la réception de celle de la conduite du navire dans l'un des ports ou lieux situés aux côtes ci-dessus mentionnées ;

Un an après la réception de la nouvelle ou de la perte arrivée , ou de la prise conduite aux colonies des Indes occidentales , aux îles Açores , Canaries , Madère , et autres îles et côtes occidentales d'Afrique et orientales d'Amérique ;

Deux ans après la nouvelle des pertes arrivées , ou des

prises conduites dans toutes les autres parties du monde (373).

Pour le délaissement, en cas de présomption de naufrage, ces délais courent à partir de l'expiration du temps requis pour cette présomption (375, § 4);

Pour le délaissement fait par arrêt de puissance, ils ne courent qu'à compter de l'expiration du temps accordé pour obtenir la main levée (387). Enfin, s'il a pour cause l'innavigabilité du vaisseau, et que l'assurance soit sur le chargement, les délais courent seulement à partir de l'expiration du temps donné au capitaine pour rembarquer la cargaison sur un autre navire (394) [1].

L'assuré est-il forcé de faire le délaissement?

Non, il peut recourir, s'il veut, contre l'assureur pour avaries, quand même l'assurance aurait été faite avec la clause *franc d'avaries* (409).

Mais a-t-il action pour toute avarie?

Non; il faut que si l'avarie est commune, elle excède un pour cent de la valeur cumulée du navire et des marchandises, et que si elle est particulière, elle excède un pour cent de la valeur de la chose endommagée (408).

§ XI.

Par quel temps se prescrivent les actions dérivant d'un contrat d'assurance?

Par cinq ans, à compter de la date du contrat (432), s'il n'y a eu cédule, obligation, arrêté de compte ni interpellation judiciaire (434).

---

[1] L'assureur doit faire le délaissement au réassureur dans le même délai que l'assuré à l'assureur. (C. Cass., 1er juin 1824 ; Annales commerciales, tom. 1er, p. 314.)

TITRES XI ET XII.

DES AVARIES.

Qu'entend-on par le mot *avarie*?

Toutes dépenses extraordinaires faites pour le navire et les marchandises, conjointement ou séparément, et tout dommage qui arrive au navire ou aux marchandises depuis leur chargement et départ, jusqu'au retour et déchargement (397).

Comment sont réglées les contributions aux avaries?

A défaut de conventions spéciales entre les parties, selon l'espèce des avaries, et conformément aux dispositions de ce titre (398). (*V.* chap. III.)

Combien y a-t-il d'espèces d'avaries?

Deux, les grosses ou communes, les simples ou particulières (399).

En quoi diffèrent-elles ?

Les avaries communes sont supportées par le navire et la cargaison (401); les avaries particulières ne sont supportées que par le propriétaire de l'objet qui a essuyé le dommage ou occasioné la dépense (404).

Quelles sont les avaries communes?

Les choses données par composition, à titre de rachat du navire et des marchandises [1], celles jetées à la mer pour sauver le navire (400), à moins qu'elles ne fussent sur le tillac (421), ou que le capitaine n'en eût point donné de connaissement (420). (*V.* chap. III.)

---

[1] Il n'y a pas avarie commune, mais simple, si les marchandises sont prises sans composition par l'ennemi. (Liv. 2, § 3, ff. liv. 14, tit. 2.)

Les câbles ou mâts rompus ou coupés volontairement ; les ancres et autres effets abandonnés pour le salut commun ; les dommages occasionés par le jet aux marchandises restées dans le navire ou au navire (426) ; les pansement et nourriture des matelots blessés en défendant le navire ; leur loyer et nourriture pendant la détention , quand le navire est arrêté en voyage par ordre d'une puissance , et pendant les réparations des dommages volontairement soufferts pour le salut commun , *si le navire est affrété au mois ;* les frais du déchargement pour alléger le navire et entrer dans un havre ou une rivière , quand le navire est contraint par la tempête ou l'ennemi ; les frais faits pour remettre à flot le navire échoué, dans l'intention d'éviter la perte ou la prise totale ; en un mot tous les dommages soufferts *volontairement,* et les dépenses faites d'après délibérations motivées pour le bien et le salut commun du navire et des marchandises , depuis leur chargement et départ jusqu'à leur retour et déchargement (400).

Quelles sont les avaries réputées particulières ?

Le dommage arrivé aux marchandises par leur vice propre, par tempête, prise, naufrage ou échouement ; les frais faits pour les sauver, la perte dés câbles, ancres, voiles, mâts, cordages, causée par tempête ou autre accident de mer ; les dépenses résultant de toutes relâches occasionées, soit par perte fortuite de ces objets , soit par besoin d'avitaillement , soit par voie d'eau à réparer ; la nourriture et le loyer des matelots pendant la détention, quand le navire

---

[1] Cette avarie est commune quand l'affrétement est au mois, parceque le maître ne reçoit point de fret, et partant ne doit pas le service de ses matelots pendant la détention. Quand l'affrétement est au voyage, le maître doit le service de ses matelots pendant la détention, parcequ'elle fait partie du voyage pour la totalité duquel il n'y a qu'un fret. Alors l'avarie est particulière.

est arrêté par ordre de puissance, et pendant les réparations qu'il faut y faire, *si le navire est affrété au voyage;* la nourriture et le loyer des matelots pendant la quarantaine, que le navire soit loué au voyage ou au mois, et en général les dépenses faites et le dommage souffert pour le navire seul, ou pour les marchandises seules, depuis leur chargement et départ jusqu'à leur retour et déchargement (402, 422, 425, § 2).

Quid des dommages arrivés aux marchandises par négligence du capitaine ou de l'équipage?

Ils sont également des avaries particulières et supportées par le propriétaire des marchandises, qui a son recours contre le capitaine, le navire et le fret (405).

Quid des frais de navigation, tels que amanage, etc.?

Ils ne sont point avaries, mais seulement de simples frais à la charge du navire (406) (*Voy.* 354).

Que doit-on décider en cas d'avaries causées par l'abordage de deux navires?

Si l'événement est purement fortuit, le dommage est supporté, sans répétition, par celui des navires qui l'a reçu; si l'abordage est causé par la faute de l'un des capitaines, ce capitaine doit le payer (407).

Quid s'il y a doute sur les causes de l'abordage?

Le dommage est réparé à frais communs et par égale portion par les navires qui l'ont fait et souffert (*ib.*, § 3).

Par qui doit être estimé le dommage?

Par experts (*ib.*, § 4).

Par quoi s'éteint toute action à cet égard?

Par le défaut de réclamation, dans les vingt-quatre heures, du capitaine qui a pu agir (435), suivie, dans le mois de sa date, d'une demande en justice (436).

CHAPITRE II (TITRE XII DU CODE).

DU JET.

En quel cas y a-t-il lieu à jeter en mer une partie du chargement pour le salut commun?

Lorsque le capitaine s'y croit forcé par une tempête ou par la chasse de l'ennemi (410).

Que doit-il faire avant le jet?

Prendre l'avis des intéressés au chargement qui se trouvent dans le vaisseau, et des principaux de l'équipage; s'il y a diversité d'avis, on suit celui du capitaine et des principaux de l'équipage (*ib.*)[1].

Que doit faire le capitaine après la délibération?

La rédiger par écrit dès qu'il en a le moyen (412).

Que doit-il y énoncer?

Les motifs qui ont déterminé le jet, et les objets jetés ou endommagés. La délibération doit ensuite être transcrite sur le registre et signée par les délibérants, ou exprimer les motifs de leur refus de signer (412).

Que doit faire le capitaine au premier port où aborde le navire?

Affirmer, dans les vingt-quatre heures de son arrivée, les faits contenus dans la délibération (413).

Dans quel ordre doit se faire le jet?

Les choses les moins nécessaires, les plus lourdes et de moindre prix sont jetées les premières, et l'on jette en-

---

[1] *Quid* si le capitaine et les principaux de l'équipage diffèrent d'avis? selon Valin, *le sentiment du maître doit l'emporter.*

Est puni des travaux forcés à temps le capitaine qui, volontairement, et dans l'intention de commettre ou de couvrir une fraude au préjudice des intéressés, jette à la mer ou détruit sans nécessité tout ou partie du chargement des vivres ou des effets à bord. (Loi du 10 avril 1825, art. 13.)

suite celles du premier pont, au choix du capitaine, et par l'avis des principaux de l'équipage (411).

CHAPITRE III.

DE LA CONTRIBUTION AUX AVARIES.

Quand doit se faire la contribution ?

A l'arrivée du navire au lieu du déchargement, en sorte que si le navire et le chargement périssent avant d'arriver, il n'y a lieu à aucune contribution (423, 414).

Pourquoi cela ?

C'est que la contribution aux avaries ne doit avoir lieu que lorsqu'elles ont été souffertes pour le salut commun, et qu'elles l'ont occasioné ; ainsi quand le jet ne sauve pas le navire, il n'y pas de contribution : les marchandises sauvées ne sont pas tenues du paiement ni du dédommagement de celles jetées ou endommagées, parcequ'elles ne leur doivent point leur salut (423). De même les marchandises ne contribuent point à la valeur du bâtiment perdu, ou réduit, par fortune de mer, à l'état d'innavigabilité (425).

Quid lorsque l'avarie, comme le jet, a sauvé le navire pour l'instant, et qu'il se perd en continuant sa route ?

Alors les effets sauvés contribuent au jet (424) ; parceque le jet les a sauvés.

Sur quel pied ?

Sur le pied de leur valeur dans l'état où ils se trouvent, déduction faite des frais de sauvetage (*ib.*).

Quid en cas de perte des marchandises mises dans des barques pour alléger le navire ?

Si le navire arrive à bon port, la répartition des pertes est faite sur le navire, et le chargement en entier, parceque leur salut est dû à la distraction des marchandises perdues (427).

Mais *quid* en cas inverse, c'est-à-dire si le navire périt avec le reste du chargement, nonobstant l'allégement, et que les marchandises mises dans les alléges arrivent à bon port ?

Les marchandises ne doivent aucune contribution (427, § 2), parcequ'elles ne doivent pas leur salut à la perte du navire.

Quelles sont les choses toujours dispensées de la contribution ?

Les munitions de guerre ou de bouche, les hardes des gens de l'équipage (419) ; mais cependant si ces hardes et munitions sont jetées à la mer, la valeur en est payée par contribution sur tous les autres effets (419)[1].

Quels sont les objets jetés pour le salut commun, et pour lesquels il n'y a pas de contribution ?

Les effets chargés sur le tillac (421), et ceux dont il n'y a pas de connaissement ou déclaration du capitaine (420).

Mais sont-ils dispensés de contribuer s'ils sont sauvés ?
Non (*ib.*).

Pourquoi cette différence ?

Parce qu'il serait injuste que n'étant pas payé pour contravention à la loi, ils ne payassent pas quand ils doivent leur salut aux autres marchandises.

Si les objets jetés sont sauvés, contribuent-ils aux avaries ?

Oui ; mais ils ne contribuent qu'aux dommages antérieurs

---

[1] Les loyers des matelots sont-ils dispensés de la contribution ? Oui, si la contribution a lieu pour rachat (304). M. Delvincourt pense qu'ils doivent l'être en tout autre cas. (Tom 1, p. 171, not. 5.)

au jet, parceque leur salut n'a pu dépendre des dommages postérieurs (425).

Quid des dommages arrivés au navire en cas de jet?

Il y a lieu à contribution pour ce dommage s'il a été fait pour faciliter le jet (422); de même si, en vertu d'une délibération, le navire a été ouvert pour en extraire les marchandises, elles contribuent à la réparation du dommage causé au navire (426).

Quelles sont les formalités relatives à la contribution?

Il est fait, à la diligence du capitaine et par experts, dans le lieu du déchargement, un état des pertes et dommages (414).

Qui nomme ces experts?

Le tribunal de commerce si le déchargement a lieu dans un port français, le juge de paix s'il n'y a pas de tribunal de commerce; le consul de France, et, à son défaut, le magistrat du lieu, si la décharge se fait dans un pays étranger (414).

Que font les experts avant d'opérer?

Ils prêtent serment (*ib.*, § 5).

Comment établit-on le prix des marchandises pour lesquelles on doit contribuer?

Par la valeur qu'elles auraient eue au lieu du déchargement (402, 415).

Comment constate-t-on leur qualité?

Par la production des connaissements et des factures, s'il y en a (415).

Que font les experts après cette estimation?

Ils répartissent les pertes et dommages (416).

Comment font-ils cette répartition?

Sur moitié du navire [1] et du fret et sur les effets jetés et

---

[1] Le législateur a cru juste de faire contribuer le propriétaire pour la moitié du fret et du navire, parceque le fret est dû seulement à cause du navire et couvre le propriétaire des dépenses causées par le voyage.

sauvés, à proportion de leur valeur au lieu du décharge-ment (417, 401).

Quid quand la qualité des marchandises est déguisée par le connaissement ?

Si elle se trouve d'une plus grande valeur qu'elle n'a été déclarée, les marchandises contribuent sur le pied de leur estimation quand elles sont sauvées ; mais si elles sont perdues, on les paie d'après la qualité désignée par le connaissement (418).

Quid quand les marchandises sont estimées d'une qualité inférieure à celle indiquée par le connaissement ?

Elles contribuent d'après la qualité indiquée au connaissement si elles sont perdues, et on les paie sur le pied de leur valeur si elles sont jetées ou endommagées (*ib.*, § 3).

Que doivent faire les propriétaires qui recouvrent leurs effets qui ont été jetés à la mer ?

Rapporter au capitaine et aux intéressés ce qu'ils ont reçu de la contribution, déduction faite des dommages causés par le jet et des frais de recouvrement (429).

Par quoi est rendue exécutoire la répartition des avaries par les experts ?

Par homologation du tribunal de commerce en France, et dans les ports étrangers par le consul de France, ou, à son défaut, par tout tribunal compétent sur les lieux (416).

Qu'ont le capitaine et l'équipage sur les marchandises ou le prix des marchandises ?

Un privilége pour le montant de la contribution (428).

Par quoi s'éteint l'action pour avarie contre l'affréteur ?

Par la livraison des marchandises et la réception du fret par le capitaine, sans protestation (435), dans les vingt-quatre heures, et suivie, dans le mois, d'une demande en justice (436)[1].

---

[1] Le capitaine étant mandataire des affréteurs, ceux-ci sont répu-

TITRES XIII ET XIV.

DES PRESCRIPTIONS ET DES FINS DE NON-RECEVOIR.

Par quels délais se prescrivent les actions relatives au commerce maritime ?

Toutes celles dérivant d'un contrat à la grosse ou d'une police d'assurance sont prescrites par cinq ans, à compter de la date du contrat (432). Quant à l'action en délaissement, voy. pag. 103-104.

Sont prescrites par un an :

Après le voyage, celles en paiement pour fret du navire, gages et loyers des officiers, matelots et autres gens de l'équipage ;

Après la livraison, celles pour nourriture fournie aux matelots par ordre du capitaine, pour fourniture de bois et autres choses nécessaires aux construction, équipement et avitaillement du navire ;

Celles pour salaire d'ouvriers et pour ouvrages faits, sont prescrits un an après la réception des ouvrages ;

Celles en délivrance de marchandises, un an après la délivrance des marchandises.

Ces diverses prescriptions ne peuvent être opposées s'il y a cédule, obligation, arrêté de compte ou interpellation judiciaire (433-434).

Quant aux fins de non-recevoir, elles sont exposées dans les divers titres auxquels elles se rapportent.

---

tés ne pas protester lorsqu'il ne proteste pas lui-même, mais ils peuvent recourir contre lui.

FIN DU SECOND LIVRE.

LIVRE TROISIÈME.

DES FAILLITES ET BANQUEROUTES.

DISPOSITIONS GÉNÉRALES.

Qu'est-ce qu'une faillite?

La *cessation* des paiements d'un *commerçant* (437) [1].

Qu'est-ce qu'une banqueroute?

Une faillite par fraude ou faute grave, prévue par la loi (438).

Combien y a-t-il d'espèces de banqueroutes?

Deux : la simple, qui est jugée par les tribunaux correctionnels; la frauduleuse, que jugent les cours criminelles (439).

TITRE I.

DE LA FAILLITE.

CHAPITRE I.

DE L'OUVERTURE DE LA FAILLITE ET DE SES EFFETS.

§ Iᵉʳ.

Qui déclare l'ouverture de la faillite?

Le tribunal de commerce (441) du domicile du failli. (Cod. de procéd., 59).

---

[1] Un non commerçant ne tombe qu'en déconfiture par la cessation de ses paiements.

Comment en fixe-t-on l'époque ?

Par la retraite du débiteur [1], la clôture de ses magasins, ou par le refus d'acquitter des engagements *commerciaux*, pourvu qu'il cesse ses paiements ou se déclare failli (441).

Où et quand le failli doit-il faire sa déclaration ?

Au greffe du tribunal de commerce, dans les trois jours, y compris celui de la cessation des paiements (440).

Que doit contenir la déclaration de faillite d'une société en nom collectif ?

Les nom et domicile de chaque associé solidaire (440, § 2).

Quid si le failli ne fait pas de déclaration ?

Il peut être poursuivi comme banqueroutier simple (587).

§ II.

Quels sont les effets immédiats de la faillite par rapport au failli ?

Il est dessaisi de plein droit de l'administration de tous ses biens (442), privé de l'exercice de ses droits politiques, et incapable d'exercer les fonctions d'agent de change ou de courtier et d'entrer à la bourse (614, 83).

Quels sont ceux concernant les actes relatifs au failli ?

Tous actes ou paiements faits à lui ou par lui en fraude des créanciers, sont nuls (447).

La fraude doit-elle être prouvée ?

Oui ; mais elle est présumée dans certains actes du failli que la loi déclare nuls de plein droit.

Quels sont ces actes ?

Tout paiement, dans les dix jours précédant l'ouverture

---

[1] L'article dit *retraite* et non absence, parcequ'il n'est pas dans l'intention de la loi que la disposition soit appliquée au négociant qui voyage, mais seulement à celui qui se cache ou se réfugie dans un asile dans la vue de se soustraire aux poursuites. (M. Locré, t. 5, p. 441).

de la faillite , pour dettes *commerciales* non échues (446);
toute translation de biens immobiliers à titre gratuit (444);
tout privilége ou hypothèque acquis dans le même
temps (443) [1].

Quid des aliénations à titre onéreux ?

Elles peuvent être annulées si elles paraissent frauduleuses (444).

Quid de tout autre acte ?

S'il est commercial et fait dans les dix jours avant la
faillite , la loi le présume frauduleux de la part du failli,
qui peut être poursuivi en banqueroute frauduleuse , mais
elle ne le déclare nul que s'il y a fraude de la part des autres contractants (445).

Quel effet produit la faillite par rapport aux dettes du
failli ?

Elle rend exigibles celles non échues , mais ses coobligés
à l'acquittement d'effets commerciaux peuvent ou payer de
suite ou donner caution pour le paiement à l'échéance (448) [2].

Comment est rendu notoire le jugement qui déclare la
faillite ?

Par affiches et insertion par extrait, dans un des journaux
imprimés au lieu où siège le tribunal de commerce; s'il
n'y en a pas , dans un de ceux imprimés dans le département; l'insertion est justifiée par la feuille contenant l'ex-

----

[1] On est divisé sur la question de savoir si cet article comprend les hypothèques légales, et sur celle de savoir si l'on doit déclarer valable l'inscription hypothécaire prise dans les dix jours précédant la faillite en vertu d'un titre antérieur.

[2] Le porteur d'un effet devenu exigible par la faillite du débiteur ne peut opposer compensation de cette créance avec ce qu'il doit lui-même à la faillite (C. Cass., 12 fév. 1811, 17 fév. 1823; Annales commerciales, t. 1, p. 247.)

trait avec la signature de l'imprimeur légalisée par le maire (457; Cod. de procéd. 683).

Est-il exécutoire par provision?

Oui, mais susceptible d'opposition, savoir, par le failli, dans les huit jours suivant celui de l'affiche; par les créanciers présents ou représentés, ou tout autre intéressé, jusques et y compris le jour du procès-verbal constatant la vérification des créances; et enfin pour les créanciers en demeure, jusqu'à l'expiration du dernier délai qui leur aura été accordé (457, 511, 512)[1].

CHAPITRE II.

MESURES CONSERVATOIRES.

DE L'APPOSITION DES SCELLÉS.

Que doit faire le tribunal de commerce dès qu'il apprend la faillite du débiteur?

Ordonner apposition de scellés (449) sur ses biens meubles, livres, etc. (451), par le jugement qui déclare la faillite ouverte (454), et dont il envoie sur-le-champ expédition au juge de paix (449).

Quid si la faillite est faite par une société en nom collectif?

Les scellés seront apposés dans le principal manoir de la société et dans le domicile séparé de chaque associé *solidaire* (452)[2].

Le juge de paix doit-il toujours attendre l'autorisation du tribunal pour apposer les scellés?

---

[1] Jugé à Paris le 22 juillet 1824, contre tous les auteurs, que ce jugement n'est pas susceptible d'appel. (Ann. comm., liv. 2, p. 53.)

[2] *Secùs* des commanditaires, parcequ'ils ne peuvent être gérants de la société (27). *Voy.* le tit. des Sociétés.

Non ; il peut les apposer sur la notoriété publique (450), et doit de suite envoyer au tribunal procès-verbal de l'apposition (453).

CHAPITRE III.

MESURES A PRENDRE PAR LE TRIBUNAL, RELATIVEMENT AU FAILLI. — NOMINATION DU JUGE-COMMISSAIRE ET DES AGENTS DE LA FAILLITE.

Le tribunal, en déclarant l'ouverture de la faillite, doit-il se borner à ordonner l'apposition de scellés ?

Non ; il ordonne par le même jugement, ou le dépôt de la personne du failli dans la maison d'arrêt pour dettes, ou la garde de sa personne par un officier de police ou de justice, ou par un gendarme (455). Il ne peut en cet état être reçu contre le failli d'écrou, ou recommandation, en vertu d'aucun jugement du tribunal de commerce (*ib.*).

Quelles mesures doit encore prendre le tribunal ?

Il doit nommer en même temps un de ses membres juge-commissaire de la faillite, et un ou plusieurs agents, suivant l'importance de la faillite (454).

Quelles sont les fonctions du juge-commissaire ?

Elles consistent à faire au tribunal le rapport de toutes les contestations que peut faire naître la faillite, et que le tribunal doit juger ; le commissaire doit aussi presser la confection du bilan, la convocation des créanciers, et surveiller la gestion de la faillite jusqu'à ce que tout soit terminé (458).

Parmi qui choisit-on les agents de la faillite ?

Parmi les créanciers présumés ou tous autres offrant le plus de garantie (456).

Peut-on être agent dans deux faillites ?

Oui ; mais pas dans la même année, à moins d'être créancier dans les deux faillites (456).

Pourquoi ?

Pour qu'il ne s'établisse point des individus qui fassent le métier d'agent.

Quand finit la gestion des agents ?

Dans les 24 heures de la nomination des syndics provisoires (459).

Quid s'il n'est pas nommé de syndics dans la quinzaine ?

Leur gestion cesse de plein droit 15 jours après leur entrée en fonctions (459); mais le tribunal peut la prolonger de 15 autres jours seulement.

Les agents sont-ils révocables ?

Oui ; mais ils ne peuvent être révoqués que par le tribunal qui les a nommés (460).

A qui doivent-ils rendre compte ?

Aux syndics provisoires, en présence du commissaire (481).

Sont-ils salariés ?

Ils peuvent, s'ils ne sont pas créanciers (485), demander une indemnité, qui leur est payée par les syndics provisoires et réglée selon les lieux et la nature de la faillite (481).

CHAPITRE IV.

DES FONCTIONS PRÉALABLES DES AGENTS, ET DES PREMIÈRES DISPOSITIONS A L'ÉGARD DU FAILLI.

Que doivent faire les agents avant d'entrer en fonctions ?

Prêter serment devant le commissaire de la faillite de fidèlement remplir leurs fonctions (461).

Quelle est leur première opération ?

C'est de requérir le juge de paix d'apposer les scellés s'ils ne l'ont point été (462).

Doivent-ils faire mettre le scellé sur tous les objets du failli ?

Ils peuvent en extraire ses livres après en avoir fait constater sommairement l'état par le juge de paix, et les effets de son portefeuille à courte échéance ou susceptibles d'acceptation, dont ils remettront bordereau au commissaire (463).

Quelle est leur obligation par rapport à ces effets ?

Ils doivent en faire le recouvrement ainsi que de toutes sommes dues au failli sur leurs quittances visées par le commissaire (467).

Que doivent-ils faire de ces sommes ?

Les verser dans une caisse à deux clefs (465), dont l'une reste au plus âgé d'entre eux, et l'autre est remise à un des créanciers préposé par le commissaire (496).

Quel est leur droit relativement à la correspondance du failli ?

On leur remet les lettres qui lui sont adressées; et ils en font l'ouverture, à laquelle le failli peut assister s'il est présent (463).

Que doivent-ils faire si le failli possède des marchandises dépérissables ?

Ils doivent les retirer et les vendre avec l'autorisation du commissaire (464). Ils ne peuvent vendre les marchandises non dépérissables qu'avec permission du tribunal sur le rapport du commissaire.

Les droits et devoirs des agents se bornent-ils à recevoir et exiger ce qui est dû au failli ?

Non ; ils doivent faire tous les actes nécessaires à la conservation de ses droits, et notamment requérir inscription d'hypothèque sur les immeubles de ses débiteurs (499).

Comment est reçue cette inscription ?

Au nom des agents, qui joindront aux bordereaux extrait du jugement qui les a nommés (499).

Doivent-ils seulement requérir inscription pour le failli sur les biens de ses débiteurs?

Non; ils doivent aussi prendre inscription au nom de la masse des créanciers sur les immeubles du failli. L'inscription est reçue sur simple bordereau énonçant qu'il y a faillite, et relatant la date du jugement qui a nommé les agents (500).

Quels sont les droits et devoirs des agents par rapport aux actions relatives au failli?

Dès leur entrée en fonctions, toute action civile intentée avant la faillite, contre le failli et ses biens mobiliers, doit être suivie contre eux, et toute celle qui serait intentée après la faillite doit l'être aussi contre eux (494).

Les agents doivent-ils constater l'état de la faillite?

Oui; dans la huitaine de leur entrée en fonctions, ils doivent en donner un compte sommaire au procureur du roi de l'arrondissement, ainsi que de ses causes, de ses circonstances et des caractères qu'elle paraît avoir (488).

Pourquoi cela?

Afin que le procureur du roi puisse savoir s'il y a lieu à poursuivre le failli en banqueroute simple ou frauduleuse.

Quid si le procureur du roi donne mandat d'amener, de dépôt ou d'arrêt contre le failli?

Il doit le faire savoir de suite au juge-commissaire (490).

§ II.

Premières dispositions à l'égard du failli.

Que doit et peut faire le commissaire, après l'apposition des scellés, relativement au failli?

Il doit rendre compte au tribunal de l'état apparent de ses affaires, et peut proposer ou sa mise en liberté pure et simple, avec sauf-conduit provisoire de sa personne, ou sa mise en liberté avec sauf-conduit en fournissant caution de se représenter sous peine de paiement d'une somme que le tribunal arbitrera, et qui, s'il ne se présente pas, est adjugée aux créanciers (466).

Quid si le commissaire ne propose pas le sauf-conduit?

Le failli peut le demander lui-même au tribunal de commerce, qui statuera après avoir entendu le commissaire (467).

Est-il un cas où le sauf-conduit ne peut être ni proposé par le commissaire, ni accordé par le tribunal?

Oui, c'est lorsque le procureur du roi présumant qu'il y a banqueroute a notifié au commissaire mandat d'amener, de dépôt ou d'arrêt contre le failli (490).

Que doivent faire les agents si le failli obtient sauf-conduit?

L'appeler à eux pour clore et arrêter ses livres en sa présence (468, § 1).

Quand et comment doit-il comparaître?

Quarante-huit heures après la sommation, en personne, ou par fondé de pouvoir s'il propose des empêchements jugés valables par le commissaire ; sinon il est réputé s'être absenté à dessein (468), et peut être poursuivi comme banqueroutier frauduleux (594, § 3).

Mais *quid* s'il n'a pas obtenu de sauf-conduit?

Il doit comparaître par fondé de pouvoir, sous peine de s'être absenté à dessein (469), et d'être poursuivi comme banqueroutier simple (587, § 3).

CHAPITRE V.

DU BILAN.

Qu'appelle-t-on *bilan?*

L'exposition du passif et de l'actif du failli.

Que doit-il contenir?

L'énumération et l'évaluation de tous les biens, l'état

des dettes actives et passives, le tableau des profits et pertes du débiteur (471).

Qui doit le faire ?

Autant que possible le failli lui-même, qui doit le certifier véritable et le signer (471).

Que doit en faire le failli s'il l'a rédigé avant la déclaration de sa faillite ?

Le remettre aux agents dans les vingt-quatre heures de leur entrée en fonctions (470).

Quid s'il ne l'a pas dressé à l'époque de leur entrée en fonctions ?

Il doit le rédiger par lui ou par fondé de pouvoir, suivant les circonstances, et en présence des agents ou leur préposé. On lui communique ses livres et papiers sans déplacement (471).

Par qui doit être fait le bilan, s'il n'a été dressé ni par le failli ni par son fondé de pouvoir ?

Par les agents, au moyen des livres et papiers du failli, des informations et renseignements qu'ils pourront se procurer de sa femme, de ses enfants, de ses commis et employés (472).

Que peut faire le juge-commissaire si ces individus refusent de donner des renseignements aux agents ?

Il peut les interroger tous, à l'exception de la femme et des enfants du failli, tant sur ce qui concerne la formation du bilan, que sur les causes et les circonstances de la faillite (474).

Que peuvent faire la veuve et les enfants du failli mort après l'ouverture de sa faillite sans avoir fait de bilan ?

Se présenter pour suppléer leur auteur dans la formation du bilan, et pour toutes les autres obligations imposées au failli (475).

Quid s'ils ne se présentent pas ?

Les agents procèdent à leur défaut (*ib.*).

CHAPITRE VI.

DES SYNDICS PROVISOIRES.

SECTION PREMIÈRE.

De leur nomination.

Comment procède-t-on à la nomination des syndics provisoires ?

Avant la confection (477) ou trois jours après la remise du bilan par les agents, le commissaire dresse la liste des créanciers, qu'il remet au tribunal, et les fait convoquer par lettres, affiches et insertion dans les journaux (476).

Que font sur ce les créanciers ?

Ils se réunissent devant le commissaire aux jour, lieu qu'il a fixés (478), lui présentent une liste triple du nombre des syndics provisoires qu'ils estiment devoir être nommés. Le tribunal nomme sur cette liste [1].

Qu'établit le Code de commerce pour prévenir l'immixtion des étrangers parmi les créanciers véritables ?

Il punit comme complice de banqueroute quiconque se présente comme créancier à l'assemblée, et dont le titre est postérieurement reconnu supposé de concert entre lui et le failli (479) [2].

---

[1] La liste ne doit pas nécessairement comprendre que des créanciers. (Paris, 13 mai 1813; Sirey, t. 13, 2ᵉ part., p. 306, argument de l'art. 456.) — La formation d'une première liste triple ne dispense pas d'une nouvelle convocation de créanciers pour la nomination d'un nouveau syndic. (Bordeaux, 4 août 1824; Annales commerciales, t. 2, pag. 21.)

[2] La peine infligée au complice des banqueroutiers frauduleux est celle des travaux forcés à temps. (Cod. pén., 403.)

En quoi consistent, en général, les syndics provisoires?

A recevoir le compte, continuer les fonctions des agents, et administrer provisoirement la faillite sous la surveillance du juge-commissaire (481) (482). De plus, à compter de leur entrée en fonctions, toute action civile intentée avant la faillite contre *la personne et les biens mobiliers* du failli doit être suivie contre les syndics; et *toute* action intentée après la faillite doit l'être contre eux (494) '.

Quid si les syndics remplissent mal leurs fonctions ?

Les créanciers peuvent en référer au commissaire, qui statuera, s'il y a lieu, ou fait son rapport au tribunal de commerce (495).

CHAPITRE VII.

OPÉRATIONS DES SYNDICS PROVISOIRES.

SECTION PREMIÈRE.

Levée des scellés et inventaire.

Que doivent faire les syndics après leur nomination ?

Requérir de suite la levée des scellés, et procéder à l'inventaire des biens du failli (486), lui présent ou dûment appelé (487).

L'inventaire doit-il être fait par les syndics seuls ?

' L'expropriation des immeubles du failli doit être dirigée et suivie contre les syndics et non contre le failli. (C. Cass., 2 mars 1819 ; Sircy, t. 19, 1ʳᵉ part., p. 298.)

Ils peuvent se faire aider pour l'estimation par qui ils veulent (486).

Comment se fait l'inventaire ?

A mesure que les scellés sont levés et en présence du juge de paix , qui le signe à chaque vacation (486). (Cod. de procéd. (937).

Quel droit a le procureur du roi relativement à l'inventaire ?

Il peut y assister comme aux autres actes de la faillite, et se faire donner tous les renseignements relatifs , et faire en conséquence les actes ou poursuites nécessaires , le tout d'office et sans frais (489).

SECTION II.

Vente du mobilier et recouvrements.

Que fait-on des objets mobiliers du failli après l'inventaire ?

On les remet tous aux syndics , qui s'en chargent au pied de l'inventaire (491).

Que peuvent faire les syndics après cette remise ?

Recouvrer les dettes actives du failli , sous l'autorisation du commissaire , et vendre les effets et marchandises , soit par enchères publiques, soit par des courtiers et à la bourse, soit à l'amiable , à leur choix (492).

Que doivent-ils faire des deniers provenants de ces ventes et recouvrements ?

Les mettre dans une caisse à double serrure , après en avoir déduit les dépenses et frais. Une des clefs est remise au plus âgé d'entre eux , et l'autre à celui des créanciers à cet effet préposé par le commissaire (496).

Les syndics doivent-ils constater l'état de la caisse de la faillite ?

Oui; toutes les semaines, ils doivent donner un bordereau de sa situation au commissaire, qui pourra, sur leur demande et selon les circonstances, ordonner le versement de tout ou partie des fonds à la caisse des dépôts, à Paris, et entre les mains du délégué de cette caisse dans les départements, à la charge de faire courir au profit de la masse les intérêts accordés aux sommes consignées à la caisse. (497) '.

Peut-on retirer les fonds versés à la caisse des dépôts ?

Oui; mais en vertu d'une ordonnance du commissaire (498).

SECTION III.

Des actes conservatoires.

A quoi sont obligés les syndics relativement aux actes conservatoires ?

Ils doivent faire tous ceux nécessaires à la conservation des droits du failli sur les débiteurs, et notamment requérir l'inscription aux hypothèques sur les immeubles de ses débiteurs, si elle n'a été requise par lui, et s'il a des titres hypothécaires (499).

Comment est prise l'inscription ?

Au nom des syndics qui joignent à leurs bordereaux extrait du jugement qui les a nommés (*ib.*).

Les syndics doivent-ils requérir inscription seulement contre les débiteurs du failli ?

Ils sont tenus de la prendre au nom de la masse des

' Ces intérêts sont de 3 pour 100 par an, et courent du 61ᵉ jour à partir de la date de la consignation jusqu'à celui du remboursement. Les sommes versées et restant moins de 60 jours ne portent point d'intérêt. (Ordonnance du 3 juillet 1816. Bull. n° 876, art. 14.)

créanciers, sur les immeubles du failli, dont ils connaîtront l'existence (5oo).

Comment reçoit-on cette inscription ?

Sur simple bordereau, énonçant qu'il y a faillite, et relatant la date du jugement qui a nommé les syndics (5oo).

SECTION IV.

Vérification des créances.

Qu'est-ce que la vérification des créances ?

L'examen des droits de ceux qui se présentent comme créanciers du failli.

Comment procède-t-on à cette opération ?

Tous les créanciers sont avertis par les papiers publics et par lettres des syndics, de se présenter dans le délai de quarante jours, par eux ou par fondés de pouvoir, aux syndics de la faillite, de déclarer à quel titre et pour quelle somme ils sont créanciers, et de leur remettre leurs titres de créances, ou de les déposer au greffe du tribunal de commerce. Il leur en est donné récépissé (5o2).

Quand doit se faire la vérification des créances ?

Sans délai ; le commissaire doit veiller à ce qu'on y procède diligemment, à mesure que les créanciers se présentent (5o1).

Comment, entre et devant qui se fait l'examen ?

Contradictoirement entre le créancier ou son fondé de pouvoir et les syndics, et devant le juge-commissaire qui en dresse procès-verbal (5o3). Tout créancier dont la créance est vérifiée et affirmée, peut assister à la vérification des autres, et contredire aux vérifications faites ou à faire (5o4).

Qu'énonce le procès-verbal de vérification ?

Le domicile des créanciers et celui de leurs fondés de pouvoirs, la présentation et la description sommaire des titres de créance, avec leur rapprochement des registres du failli ; la mention des surcharges, ratures et interlignes des titres (505); si la créance n'est pas contestée, le procès-verbal énonce que le porteur est légitime, et les syndics signent sur chaque titre la déclaration suivante :

Admis au passif de la faillite*** pour la somme de... le...

Le commissaire met son visa au bas (506).

Que doit faire le créancier dont la créance est vérifiée ?

Affirmer dans la huitaine, entre les mains du commissaire, qu'elle est sincère et véritable (507).

Que peut faire le commissaire pour s'éclairer dans la vérification ?

Demander aux créanciers la représentation de leurs registres, ou l'extrait fait par les juges du commerce du lieu, en vertu d'un compulsoire. Il peut aussi d'office envoyer devant le tribunal de commerce, qui statue sur son rapport (505, § 5).

Quid si la créance de ceux qui se présentent est contestée ?

Si elle l'est en tout ou en partie, le commissaire, sur le requis des syndics, peut ordonner la représentation des titres du créancier contesté, et leur dépôt au greffe du tribunal de commerce. Il peut même, sans qu'il soit besoin de citation, renvoyer les parties à bref délai, devant le tribunal de commerce, qui peut ordonner une enquête devant le commissaire, sur le rapport duquel il juge (509).

Dans quel délai doit être terminée la vérification des créances ?

Dans celui de quinzaine après les quarante jours donnés aux créanciers pour comparaître (502, 503).

Quid à l'expiration du délai ?

Les syndics dressent procès-verbal contenant les noms

des créanciers défaillants, et que le procès-verbal clos par le commissaire met en demeure (510).

Les créanciers défaillants sont-ils totalement déchus par l'expiration des délais ci-dessus ?

Non : le tribunal de commerce, sur le rapport du commissaire, fixe par jugement un nouveau délai pour la vérification, et le détermine, d'après la distance du domicile du créancier en demeure, en sorte qu'il y ait un jour par chaque distance de trois myriamètres. Quant aux créanciers résidant hors de France, le délai est de deux mois pour ceux demeurant en Corse, dans l'île d'Elbe ou de Capraja, en Angleterre, ou dans les états limitrophes de la France ; de quatre mois pour ceux demeurant dans les autres états de l'Europe ; de six, pour ceux demeurant hors d'Europe, en-deçà du cap de Bonne-Espérance, et d'un an pour ceux au-delà (511, Code de procéd. 73).

Comment le jugement de prorogation est-il mis à la connaissance des créanciers ?

Il leur est notifié par insertion dans un journal du lieu où siège le tribunal ; s'il n'y en a pas, dans l'un de ceux du département (512, Code de procéd. 683).

Par quoi cette insertion est-elle justifiée ?

Par la feuille contenant ledit extrait, avec la signature de l'imprimeur, légalisée par le maire (*ib.*).

Les créanciers défaillants doivent-ils être individuellement assignés ?

Non : l'accomplissement des formalités que nous venons d'indiquer vaut signification à leur égard (512).

Quid s'ils ne comparaissent pas et n'affirment pas leur créance dans le nouveau délai ?

On ne les comprend point dans les répartitions à faire. Toutefois la voie de l'opposition leur est ouverte jusqu'à la dernière distribution des deniers inclusivement ; mais quand même ils seraient inconnus, ils ne peuvent rien prétendre aux répartitions consommées, qui, à leur égard, sont réputées irrévocables (513).

CHAPITRE VIII.

DES SYNDICS DÉFINITIFS.

SECTION PREMIÈRE.

De l'assemblée des créanciers.

Que doivent faire les syndics après l'expiration des délais fixés pour l'affirmation des créanciers connus ?

Convoquer dans les trois jours ceux dont les créances ont été admises (514), à l'effet de comparaître en personne ou par procureur, aux lieu et jour fixés par le commissaire qui préside l'assemblée (515).

Quid si des créanciers n'ont pas comparu à la vérification des créances ?

Leur absence ne peut retarder la nomination des syndics que doit faire l'assemblée dont il s'agit (512).

Le failli est-il appelé à l'assemblée ?

Oui : il doit se présenter en personne s'il a obtenu un sauf-conduit ; il ne peut s'y faire représenter que pour motifs jugés valables et approuvés par le commissaire (516) [1].

Le commissaire ne fait-il que présider l'assemblée ?

Il vérifie les pouvoirs de ceux qui se présentent comme

---

[1] Le failli n'est appelé que pour qu'il puisse parvenir à un concordat avec ses créanciers : aussi l'article n'exige pas sa présence. Les opérations de l'assemblée ne sauraient donc être arrêtées par son absence. (*Voy.* M. Locré, Esprit du Cod. de com., t. 6, p. 321.)

fondés de pouvoir, fait rendre compte en sa présence ; par les syndics provisoires, de l'état de la faillite, des formalités et des opérations qui ont eu lieu. Le failli est entendu (517). Le commissaire tient procès-verbal de tout ce qui est dit et décidé dans l'assemblée (518).

SECTION II.

Du concordat.

Qu'appelle-t-on concordat ?

Tout traité entre le failli et ses créanciers.

Quand peut-il avoir lieu ?

Après l'accomplissement des formalités ci-dessus prescrites (519), et quand l'examen des actes, livres et papiers du failli ne donne point quelque présomption de banqueroute ; et ce sous peine de nullité. Le commissaire veille à l'exécution de cette disposition (521).

Où, par qui, et comment doit être fait le concordat ?

Dans l'assemblée des créanciers. Il doit être signé, séance tenante, par la majorité des créanciers présents, réunissant en même temps les trois quarts des sommes dues, vérifiées et enregistrées ; sinon le concordat est nul (519, § 2).

Quid s'il y a majorité de créanciers en nombre, mais réunissant moins des trois quarts en somme ?

La délibération est remise à huitaine pour tout délai.

Tous les créanciers ont-ils voix dans les délibérations sur le concordat ?

Oui, excepté ceux non vérifiés (514), et ceux ayant gage ou hypothèque inscrite (520).

Les créanciers peuvent-ils faire annuler le concordat ?

Ils ont le droit de s'y opposer (523) [1].

A qui et quand doivent-ils signifier leur opposition ?

Aux syndics et au failli , dans huitaine pour tout délai (*ibid*).

Que doit contenir l'opposition ?

Les moyens de l'opposant , à peine de nullité (635).

Qui juge les oppositions ?

Le tribunal de commerce, si elles sont fondées sur des actes dont la connaissance lui est attribuée , et le tribunal civil en tout autre cas (635 , § 2 et 3).

Le concordat est-il parfait par la signature des créanciers et le jugement des oppositions ?

Non ; il doit encore être homologué par le tribunal de commerce dans la huitaine du jugement sur les oppositions (524).

Le tribunal est-il forcé d'homologuer le concordat ?

Il peut refuser l'homologation pour inconduite ou fraude du failli, qui alors est présumé banqueroutier, et renvoyé devant le procureur du roi , qui doit poursuivre d'office (526).

Quid si le tribunal homologue ?

Il déclare en même temps le failli excusable et susceptible d'être réhabilité aux conditions indiquées ci-après au titre de la réhabilitation (*ibid.* , § 2).

Quel est l'effet de l'homologation relativement au concordat même ?

Elle le rend obligatoire pour tous les créanciers , et conserve l'hypothèque à chacun d'eux sur les immeubles du

---

[1] Pourvu qu'ils soient vérifiés et affirmés. (Paris, 22 avril 1814 ; Journ. du Palais, 1814 , t. 3; Nimes, 17 janvier 1812; Jurispr. comm., 1814, t. 2, p. 259.) Le concordat ne doit être annulé qu'à l'égard des créanciers qui en ont demandé la nullité. (C. de Cass., 25 févr. 1817; Jurispr. comm., 1817, p. 241.)

failli. A cet effet, les syndics doivent faire inscrire aux hypothèques le jugement d'homologation , s'il n'en a été autrement convenu dans le concordat (524) [1].

Que doivent faire les syndics après l'homologation?

Rendre compte définitif au failli devant le commissaire dès qu'elle leur aura été signifiée. Le compte est débattu et arrêté , et jugé en cas de contestation par le tribunal de commerce (525).

Que font les syndics après avoir terminé ce que dessus?

Ils remettent au failli tous ses biens , livres , papiers et effets. Le failli donne décharge ; les fonctions du commissaire et des syndics cessent , et le commissaire dresse procès-verbal du tout (525 , § 2).

SECTION III.

De l'union des créanciers , et nomination des syndics définitifs.

Quid s'il n'y a pas de concordat?

Les créanciers assemblés forment , à la majorité individuelle de ceux présents , un contrat d'union , et nomment un ou plusieurs syndics définitifs, ainsi qu'un caissier chargé de recevoir les sommes provenant de tout recouvrement (527).

Que doit faire en ce cas le juge commissaire?

Rendre compte des circonstances au tribunal de commerce, qui, sur son rapport , juge si le failli est ou non excusable et susceptible d'être réhabilité. Si le tribunal

---

[1] Le concordat homologué lie les créanciers hypothécaires dans l'exercice de leur droit sur les meubles du failli, quoiqu'ils n'aient pu y concourir. (C. de Cass., 26 avr. 1814 ; Jurispr. comm., 1814 , tom. 2, p. 240.)

déclare la négative, le failli est renvoyé en prévention de banqueroute devant le procureur du roi (531).

En quoi consistent les fonctions des syndics définitifs?

A représenter la masse des créanciers; recevoir le compte des syndics provisoires (527) dans les vingt-quatre heures de leur nomination (481), en présence du commissaire; procéder à la vérification du bilan s'il y a lieu (528); pour suivre, en vertu du contrat d'union, seuls, la vente de tous les biens, et la liquidation des dettes actives et passives du failli; le tout sous la surveillance du commissaire, et sans qu'il faille appeler le failli. L'union peut se faire autoriser par le tribunal, le failli dûment appelé à traiter à forfait des droits et actions dont le recouvrement n'a pas été opéré, et à les aliéner. Alors les syndics font tous les actes nécessaires (563).

Tous les objets du failli doivent-ils être vendus?

On lui remet toujours, ainsi qu'à sa famille, les vêtements, hardes et meubles nécessaires à leurs personnes (529).

Comment se fait cette remise?

Sur la proposition des syndics qui en dressent l'état, et sous l'approbation du commissaire (*ibid.*) [1].

Le failli n'a-t-il droit qu'à retenir les effets nécessaires à sa personne?

S'il n'est présumé banqueroutier, il peut demander, à titre de secours, une somme sur ses biens (530).

Par qui et comment cette somme est-elle fixée?

Par le tribunal de commerce, sur la proposition des syndics et le rapport du commissaire, et en proportion des

---

[1] On ne peut remettre au failli les meubles à son usage, au préjudice des droits du propriétaire de la maison qu'il habite. Dans ce cas doivent être seulement réservés, malgré le propriétaire, les objets énumérés dans l'art. 592 du Cod. de procéd. (Paris, 27 décembre 1815; Jurispr. comm., 1814, t. 1, p. 120.)

besoins, de l'étendue de la famille du failli , de sa bonne foi , et de la perte qu'il fait supporter à ses créanciers (530).

CHAPITRE IX.

DES DIFFÉRENTES ESPÈCES DE CRÉANCIERS , ET DE LEURS DROITS EN CAS DE FAILLITE.

SECTION PREMIÈRE.

En combien d'espèces peut-on diviser les créanciers dans une faillite ?

En huit , 1° créanciers privilégiés sur les meubles ; 2° créanciers ayant des débiteurs solidairement obligés avec le failli ; 3° créanciers gagistes ; 4° créanciers garantis par cautionnement ; 5° créanciers hypothécaires ; 6° créanciers pouvant revendiquer des objets qui leur appartiennent dans la masse du failli, 7° la femme du failli, qui est le plus souvent créancière de son mari ; 8° enfin, les créanciers ordinaires.

§ I.er

Créanciers privilégiés sur les meubles.

Que doivent faire les syndics relativement à ces créanciers ?

En présenter l'état au commissaire, qui autorise le paiement de ceux dont le privilége n'est pas contesté sur les premiers deniers rentrés. S'il y a des créanciers contestant le privilége, le tribunal jugera. Les frais seront supportés par le perdant , et ne seront point au compte de la masse (533).

§ II.

Créanciers ayant des débiteurs obligés solidairement avec le failli.

Quid relativement à ces créanciers ?

Ils sont compris dans la masse sous la déduction de ce qu'ils ont reçu des co-débiteurs solidaires. Si ces débiteurs sont tous en faillite, le créancier porteur d'engagements solidaires participe aux distributions dans toutes les masses jusqu'à son entier paiement (534).

§ III.

Créanciers gagistes.

Quid par rapport aux créanciers gagistes ?

On ne les inscrit dans la masse que pour mémoire (535).

Que peuvent faire les syndics à leur égard ?

Retirer les gages au profit de la faillite en remboursant la dette (536).

Quid, si le gage n'est pas retiré, ou s'il a été vendu par le créancier ?

Ou le prix est au-dessus ou au-dessous de la créance : au premier cas, l'excédant est recouvré par les syndics, et versé dans la masse ; au second, le créancier vient à contribution pour le surplus (537).

§ IV.

Quid des créanciers garantis par cautionnement ?

Si la caution ne les a pas entièrement payés, on les comprend pour le restant dans la masse, dans laquelle on comprend aussi la caution pour ce qu'elle a payé à la décharge du failli (538).

SECTION II.

Droits des créanciers hypothécaires.

Comment les créanciers hypothécaires exercent-ils leurs droits en cas de faillite ?

Si la vente du mobilier précède celle des immeubles, ils concourent à la répartition du prix en proportion de leurs créances (540).

Que fait-on ensuite lorsque les immeubles sont vendus et que l'ordre a lieu ?

On y colloque ceux des créanciers hypothécaires venant en ordre utile, sur le prix des immeubles, pour la totalité de leurs créances ; mais on déduit du montant de leur collocation les sommes qu'ils ont perçues, dans la masse du prix des meubles, ou chirographaire (541).

Que fait-on de ces sommes déduites ?

Elles sont versées dans la masse chirographaire (541, § 2).

Quid relativement aux créanciers hypothécaires colloqués seulement pour partie dans la distribution du prix des immeubles ?

Leurs droits sur la masse chirographaire sont réglés d'après ce dont ils restent créanciers après leur collocation immobilière ; les sommes qu'ils ont touchées au-delà de cette proportion, dans la distribution antérieure, leur sont retenues sur le montant de leur collocation hypothécaire, et reversées dans la masse chirographaire (542, 539) [1].

Quid pour les créanciers hypothécaires ne venant point en ordre utile ?

Ils sont considérés comme simplement chirographaires (543).

---

[1] *Voy.* sur tous ces points M. Delvincourt, p. 280, surtout aux notes.

SECTION III.

Droits des femmes.

Comment se règlent et s'exercent les droits des femmes, en cas de faillite de leurs maris ?

Conformément au Code civil, lorsqu'elles agissent contre leurs maris eux-mêmes ou ses héritiers, et au Code de commerce, lorsqu'elles les exercent contre les créanciers de leurs maris (544).

Quelles sont les règles tracées par le Code de commerce ?

Règle générale. Sous quelque régime qu'ait été fait le contrat de mariage, la présomption légale est que les biens acquis par la femme du failli appartiennent à son mari, sont payés de ses deniers, et doivent être réunis à la masse de son actif, sauf à la femme à fournir la preuve contraire (547) [1].

Quid relativement aux *meubles* qui sont à l'usage du mari et de la femme ?

Ils sont toujours et tous acquis aux créanciers, sans que la femme puisse rien recevoir au-delà des habits à elle laissés pour son usage (554). Mais elle peut reprendre les bijoux et vaisselle qu'elle justifie, par état légalement dressé, annexé aux actes, ou par bons inventaires, lui avoir été donnés par contrat de mariage, ou lui être advenus par succession seulement (554, § 3) [2]. (*V.* aussi art. 529.)

Quel est le droit de la femme sur les immeubles apportés par elle en mariage ?

---

[1] La présomption que les biens acquis par la femme sont payés par le mari, a lieu même en droit civil. (*Voy.* Loi 51, ff. *De donat. inter vir et ux.*)

[2] Pourquoi par donation ? C'est pour éviter les fraudes. Le mari donnerait à un tiers qui donnerait ensuite à la femme. (M. Delvincourt, t. 1, p. 292, not. 3.)

Elle peut reprendre en partie les immeubles, ainsi que ceux à elle survenus par succession, testament ou donation qu'elle n'a pas mis en communauté (545).

Quid des biens acquis des deniers provenants de ces donations ou successions?

La femme les reprend, pourvu qu'ils aient été acquis par elle et en son nom, et que la déclaration d'emploi ait été expressément stipulée au contrat d'acquisition, et que l'origine des deniers soit constatée par inventaire ou tout autre acte authentique (546).

Sous quelle charge ces reprises doivent-elles avoir lieu?

A la charge des dettes et hypothèques dont les biens sont grevés, soit qu'elles proviennent d'obligations volontaires de la femme, soit de condamnations qu'elle a subies (548).

La femme peut-elle demander à la faillite de son mari ce qu'elle a payé pour lui?

Oui; mais pour exercer son action, elle doit prouver qu'elle a payé de ses propres deniers. La loi présume que le paiement est fait des deniers du mari (550).

Quid relativement aux avantages portés en son contrat de mariage?

Elle ne peut exercer à leur égard aucune action dans la faillite; mais, réciproquement, les créanciers ne peuvent se prévaloir des avantages faits par la femme au mari dans le même contrat (549).

Toutes femmes de négociants sont-elles soumises à cette règle?

En sont exceptées celles dont le mari n'était pas négociant à l'époque de la célébration du mariage, et qui n'a entrepris le commerce qu'un an après la même époque (553).

Quelle est la restriction portée par le Code de commerce au Code civil, relativement à l'hypothèque légale des femmes des négociants?

Cette hypothèque ne s'étend qu'aux immeubles appartenants au mari à la célébration du mariage (551) [1], à moins qu'il ne fût point négociant alors , et qu'il n'ait pas fait le commerce dans l'année, à partir de cette époque (553). Est assimilée à la femme dont le mari était commerçant lors de son mariage, celle qui épouse un fils de négociant n'ayant point d'état , mais qui depuis deviendrait négociant (552).

A quoi s'expose la femme qui détourne, divertit ou recèle des effets mobiliers , marchandises , ou de l'argent ?

A être condamnée à les rapporter , et poursuivie ensuite comme complice de banqueroute frauduleuse (556 , 597 , 598).

En quel autre cas peut-elle être poursuivie au même titre ?

Lorsqu'elle a prêté son nom ou son intervention à des actes faits par son mari en fraude de ses créanciers (556).

Quid si la femme est mariée sous l'empire d'une loi antérieure au Code de commerce ?

Ses droits et actions sont régis par cette loi (544 , 557).

CHAPITRE X.

RÉPARTITION ENTRE LES CRÉANCIERS ET LIQUIDATION DU MOBILIER.

Qui est chargé de poursuivre la répartition de l'actif de la masse parmi les créanciers ?

Les syndics , qui, à cet effet, remettent, chaque mois, au commissaire un état de situation de la faillite et des deniers existants en caisse (559).

Que fait alors le commissaire ?

Il ordonne , s'il y a lieu, une répartition entre les créanciers , et en fixe la quotité (559); les créanciers sont prévenus de ses décisions et de l'ouverture des répartitions (560).

---

[1] Les biens acquis depuis sont présumés acquis avec l'argent des créanciers.

De quoi se compose la masse à répartir ?

De l'actif mobilier et de l'actif immobilier, s'il n'y a pas de créancier hypothécaire ; s'il y en a, et qu'ils n'absorbent pas l'actif immobilier, le surplus de cet actif est joint à l'actif mobilier.

Comment se font les répartitions ?

On distrait d'abord de l'actif les frais et dépenses d'administration de la faillite, ainsi que les secours accordés au failli, et on répartit le surplus entre tous les créanciers au marc le franc de leurs créances vérifiées et affirmées (558).

Sur quoi se fait le paiement ?

Sur la présentation du titre constitutif de la créance (561).

Comment se constate le paiement ?

Par mention que fait le caissier sur le titre même, et quittance donnée par le créancier en marge de l'état de répartition (561, § 1).

Quid après la fin de la liquidation ?

L'union des créanciers est convoquée à la diligence des syndics, sous la présidence du commissaire. Les syndics rendent leur compte, dont le reliquat forme la dernière répartition (562).

CHAPITRE XI.

MODE DE VENTE DES IMMEUBLES DU FAILLI.

Qui est admis à poursuivre la vente des immeubles du failli ?

Les syndics définitifs seuls, s'il n'y a pas d'action en expropriation forcée formée avant leur nomination (532).

Dans quel délai doivent-ils procéder à la vente ?

Dans huitaine de leur nomination (532).

Dans quelles formes ?

Sous l'autorisation du commissaire , et suivant les formes prescrites pour la vente des biens de mineurs (564); mais pendant huitaine après l'adjudication , tout créancier peut surenchérir , pourvu que la surenchère soit du dixième du prix principal de l'adjudication (565) [1].

TITRE II.

DE LA CESSION DE BIENS.

Qu'est-ce que la cession de biens?

C'est l'abandon qu'un débiteur fait de tous ses biens à ses créanciers , lorsqu'il se trouve hors d'état de payer ses dettes (Cod. civ. , 1265).

Combien de sortes de cessions de biens?

Deux , la volontaire et la judiciaire (Cod. de comm., 566).

Qu'est-ce que la volontaire ?

Celle que les créanciers acceptent volontairement, et qui n'a d'effet que celui résultant des stipulations mêmes du contrat passé entre eux et le débiteur (Cod. civ. , 1267; comm. , 567).

Qu'est-ce que la judiciaire?

C'est un bénéfice que la loi accorde au débiteur malheu-

---

[1] Aux termes de l'art. 710 du Cod. de procéd. , *toute personne* peut, dans la huitaine du jour où l'adjudication aura été prononcée, faire au greffe du tribunal, par elle-même ou par un fondé de procuration spéciale, une surenchère, pourvu qu'elle soit *du quart* au moins du prix principal de la vente. Faut-il conclure de l'art. 565 du Cod. de comm. que les étrangers ne peuvent surenchérir en offrant le quart du prix , aux termes de l'art. 710 du Cod. de procéd. ? Non. (Aix, 10 juin 1813.)

reux et de bonne foi, auquel il est permis, pour avoir la liberté de sa personne, de faire en justice l'abandon de tous ses biens à ses créanciers, nonobstant toute stipulation contraire (Code civ., 1268).

Les créanciers peuvent-ils refuser la cession judiciaire au débiteur ?

Non, si ce n'est dans les cas exceptés par la loi (1270, § 1).

Quels sont ces cas ?

Ceux où le débiteur est stellionataire, banqueroutier frauduleux, condamné pour vol ou escroquerie, comptable, étranger, tuteur, administrateur ou dépositaire (Code de comm., 575; Code de procéd., 905)[1].

Que doit faire le failli pour être admis au bénéfice de cession ?

Former une demande au tribunal[2] de son domicile, qui se fait remettre les titres nécessaires (569; Cod. de procéd., 899), et déposer au greffe son bilan, ses livres et ses titres actifs (Code de procéd., 898).

Sa demande doit-elle être publiée ?

Oui, par insertion dans les journaux, comme le jugement déclarant l'ouverture de la faillite (569).

Suspend-elle l'effet des poursuites ?

Non; sauf au tribunal à ordonner, parties appelées, qu'il y sera sursis provisoirement (570; Code de procéd., 900).

Le ministère public doit-il être entendu sur les demandes de cession ?

Oui (Code de procéd. 900).

Que doit faire le failli si le tribunal l'admet au bénéfice de cession ?

---

[1] Le débiteur stellionataire envers l'un des créanciers peut être admis au bénéfice de cession à l'égard des autres. (Turin, 21 décemb. 1812, Sirey, t. 14, part. 2, p. 4.)

[2] Civil. M. Delvincourt, tom. 1, pag. 270, not. 3.

Faire ou réitérer sa cession *en personne, et non par procureur,* les créanciers appelés à l'audience du tribunal de commerce de son domicile; et s'il n'y en a pas, à la maison commune, un jour de séance (Code de comm., 571, procéd., 901).

Comment se constate la déclaration du failli faite à la maison commune ?

Par procès-verbal de l'huissier, signé par le maire (*ibid.*, *ibid*).

N'y a-t-il pas une autre formalité pour donner une plus grande publicité de tout ce que ci-dessus ?

Les nom, prénoms, profession et demeure du débiteur sont insérés dans un tableau à ce destiné, placé dans l'auditoire du tribunal de commerce de son domicile, ou du tribunal civil qui en fait les fonctions, dans le lieu des séances de la maison commune (Code de procéd., 903), et à la bourse (Code de comm., 573).

Quid si le failli est détenu ?

Le jugement qui l'admet au bénéfice de cession ordonne son extraction, avec les précautions requises et accoutumées, à l'effet de faire sa déclaration (Code de comm., 572 ; Code de procéd., 902).

Quels sont les effets de la cession judiciaire ?

Elle soustrait le débiteur à la contrainte par corps (Cod. de comm., 568), et procure son élargissement, s'il est déjà détenu (Code de procéd., 800, § 3). Mais elle n'éteint l'action des créanciers ni sur ses biens présents ni sur ceux à venir (Code de comm., 568 ; civ., 1270, § 3).

Que peuvent donc faire les créanciers, en exécution du jugement qui leur débiteur, au bénéfice de cession ?

Faire vendre tous ses biens (Code de comm., 574 ; Code de procéd., 904), et en percevoir les revenus jusqu'à la vente (Code civ., 1269).

Dans quelles formes ?

Dans celles prescrites pour les ventes faites par union de créanciers (Code de comm. , 574).

Jusques à quoi la cession de biens libère-t-elle le débiteur ?

Jusqu'à concurrence de la valeur des biens qu'il abandonne. S'ils sont insuffisants, et s'il en survient d'autres, il doit abandonner ceux-ci jusqu'au parfait paiement de ses créanciers (Code civ. , 1270).

TITRE III.

DE LA REVENDICATION.

Qu'est-ce que la revendication ?

La réclamation d'une chose dont on se dit propriétaire.

A qui est accordé le droit de revendiquer en matière commerciale ?

Au vendeur et au propriétaire de marchandises ou effets de commerce livrés au failli.

§ I".

Revendication du vendeur.

En quel cas le vendeur peut-il revendiquer les choses vendues et livrées par lui ?

Quand ce sont des marchandises [1] à lui non *payées* (576), encore en route, soit par terre, soit par eau, et qui ne sont parvenues ni dans le magasin du failli,

---

[1] Le vendeur payé en billets qui ne sont point acquittés à leur échéance peut revendiquer. *Voy.* Annal. com., t. I, p. 26; Arr. Cass., 6 nov. 1823.) Les marchandises doivent avoir été achetées, non pour l'usage du failli, mais pour être revendues par lui. *Ib.*, p. 329; Rouen, 13 janv. 1824.

10.

ni dans ceux d'un commissionnaire chargé de les vendre pour le compte du failli (577).

Faut-il toujours que les marchandises soient arrivées pour que le vendeur ne puisse les revendiquer ?

Non ; la revendication cesse à l'égard de celles qui, avant leur arrivée, sont vendues sans fraude sur factures et connaissements, ou lettres de voiture (578). Elle cesse aussi si les marchandises ont subi quelque changement ou altération, si les barriques, balles ou enveloppes dans lesquelles elles se trouvaient lors de la vente ont été ouvertes, si les cordes ou marques ont été enlevées ou changées (580).

Que peuvent faire les syndics quand le vendeur revendique ?

Retenir les marchandises revendiquées, en lui payant le prix convenu entre lui et le failli (582).

Que doit faire le revendiquant, si les syndics n'usent pas de ce droit ?

Indemniser l'actif du failli de toute avance faite pour fret, voiture, commission, assurance ou autres frais, et payer les sommes encore dues pour les mêmes causes (579).

§ II.

Revendication du propriétaire.

A l'égard de quoi le propriétaire peut-il exercer la revendication ?

A l'égard des marchandises consignées au failli, à titre de dépôt, ou pour être vendues pour le compte de l'envoyeur, tant qu'elles existent en nature, en tout ou en partie (581).

Quid si celles consignées pour être vendues l'ont été effectivement ?

L'envoyeur peut en revendiquer le prix non payé par l'acheteur, ni passé en compte courant entre l'acheteur et le failli (581).

Les syndics peuvent-ils user, contre le déposant réclamateur, de la faculté qu'ils ont contre le vendeur ?

Non (582).

Quand peut-on revendiquer les effets qu'on a déposés chez le failli ?

Quand ils sont en nature dans le portefeuille du failli lors de sa faillite. Les remises doivent être faites par le propriétaire, avec mandat de recouvrer les effets, et d'en garder la valeur à sa disposition, ou bien elles doivent être spécialement destinées au paiement d'acceptations ou de billets tirés au domicile du failli (583).

Mais *quid* par rapport aux remises faites sans acceptation ni disposition ?

On peut les revendiquer si elles sont entrées dans un compte courant, par lequel le propriétaire n'est que créditeur, qui ne peut revendiquer si, lors des remises, il était débiteur d'une somme quelconque (584) [1].

Qui doit examiner les demandes en revendication ?

Les syndics (585).

Qui peut les admettre ?

Les syndics, avec l'approbation du commissaire (*ib.*) [2].

Quid s'il y a contestation ?

Le tribunal prononce après avoir entendu le commissaire (*ib.*).

---

[1] On ne peut revendiquer des billets qu'on a cédés en échange d'une traite tirée par le failli et ensuite non payée. Limoges, 15 févr. 1823. (Annal. comm., t. 1, pag. 194.)

[2] Ce droit n'appartient point aux *agents* de la faillite avant la nomination des syndics. (C. de Cass., 10 janv. 1821. Sirey, tom. 22, 1re part., p. 332.)

TITRE IV.

DES BANQUEROUTES.

CHAPITRE I.

BANQUEROUTE SIMPLE.

Qui doit être poursuivi pour banqueroute simple?

Le failli, dans les cas suivants :

1° Si les dépenses de sa maison sont excessives ;

2° S'il a consommé de fortes sommes au jeu ou à des opérations de pur hasard ;

3° S'il résulte de son dernier inventaire que son actif étant de 5o pour 1oo au-dessous de son passif, il a fait des emprunts considérables, ou revendu des marchandises à perte ou au-dessous du cours ;

4° S'il a donné des signatures de crédit ou de circulation pour une somme triple de son actif, selon son dernier inventaire (586).

Quel est le failli qui ne *doit* pas mais *peut* seulement être poursuivi comme banqueroutier simple ?

Celui qui n'a pas déclaré au greffe sa faillite dans les trois jours, et qui, s'il était membre d'une société, n'a pas fait la déclaration de la faillite de la société, dans les formes prescrites par l'article 44o ;

Celui qui ne présente pas tous les livres qu'il doit avoir, ou si ceux qu'il représente sont irrégulièrement tenus ;

Celui qui, s'étant absenté, ne s'est pas présenté aux agents et aux syndics dans les délais fixés et sans empêchement légitime (587).

Par qui est jugée la banqueroute simple ?

Par les tribunaux de police correctionnelle (439, § 2).

Sur la demande de qui ?

Des syndics, de tout créancier, ou sur la poursuite d'office du ministère public.

Qui supporte les frais de poursuites ?

La masse, si la demande a été intentée par les syndics (589) ; le créancier, si elle l'a été par lui seul, et si le prévenu est déchargé (590).

Quid si le failli est condamné ?

En tous cas, les frais sont supportés par la masse (*Ib.*).

A quoi doit être condamné le banqueroutier simple ?

A un emprisonnement d'un mois au moins et de deux au plus (Code pén. , 402 , § 3), suivant l'exigence des cas (Code de comm. , 592).

Comment le jugement de condamnation est-il rendu public ?

Par affiches et insertion dans les journaux, comme celui qui déclare la faillite ouverte (592).

Quid si dans le cours de l'instruction on découvre qu'il y a lieu à poursuivre le prévenu en banqueroute frauduleuse ?

Le procureur du roi doit appeler du jugement de condamnation ou d'absolution rendu par le tribunal, sur le fait de banqueroute simple (591).

CHAPITRE II.

BANQUEROUTE FRAUDULEUSE.

Qui doit être puni comme banqueroutier frauduleux ?

Le failli qui a supposé des dépenses ou des pertes, ou qui ne justifie pas de l'emploi de toutes ses recettes ;

Celui qui a détourné quelques sommes , dette active marchandise, denrée ou effet mobilier ;

Celui qui a fait des ventes, négociations ou donations supposées ;

Celui qui a supposé des dettes passives et collusoires entre lui et des créanciers fictifs, par des écrits simulés, ou en se constituant débiteur sans cause ou valeur, par des actes publics ou privés ;

Celui qui, chargé d'un mandat spécial ou constitué dépositaire d'argent, d'effets commerciaux, denrées ou marchandises, a, au préjudice du mandat ou du dépôt, appliqué à son profit les fonds ou la valeur des objets sur lesquels portait soit le mandat, soit le dépôt ;

Celui qui a acheté des immeubles ou des effets mobiliers à la faveur d'un prête-nom ;

Celui qui a caché ses livres (593) ;

Celui qui a failli en remplissant les fonctions d'agent de change ou de courtier de commerce (Code pén., 406).

Le failli qui, ayant embrassé la profession de commerçant postérieurement à son mariage, n'a pas fait afficher son contrat de mariage (69).

Qui *peut être* seulement poursuivi en banqueroute frauduleuse ?

Celui qui n'a pas tenu de livres, ou dont les livres n'offrent pas sa vraie situation (594) ;

Celui qui, ayant obtenu un sauf-conduit, ne s'est pas représenté à justice (594, § 2) [1].

Où, comment, et par qui sont poursuivis les faillis en banqueroute frauduleuse ?

Devant les cours d'assises d'office par les procureurs gé-

---

[1] Ne sont pas coupables de banqueroute frauduleuse ni le failli, par cela seul que dans son bilan il s'est faussement déclaré débiteur d'un individu avec lequel il ne s'est pas concerté (C. de Cass., 3 juill. 1823), ni les époux qui n'affichent pas le jugement prononçant leur séparation. (C. de Cass., 9 septemb. 1813 ; Annal. comm., t. 1, p. 9.)

néraux ou leurs substituts , soit sur la notoriété publique, soit sur la dénonciation des syndics , ou d'un syndic , ou d'un simple créancier (595) [1],

A quelle peine est condamné le prévenu s'il est convaincu ?

Aux travaux forcés à temps (597, Code pén. , 402, § 1), et à perpétuité s'il est agent de change ou courtier (Code pén. 404).

Quid s'il a eu des complices?

Ceux-ci sont condamnés à la même peine que lui (597, Code pén. , 403), et en outre à réintégrer à la masse de ses créanciers , les biens droits et actions frauduleusement soustraits, et à payer à la même masse des dommages-intérêts égaux à la somme dont ils ont tenté de la frauder (598).

Qui est réputé complice de banqueroute frauduleuse?

Celui qui est convaincu de s'être entendu avec le banqueroutier pour recéler ou soustraire tout ou partie de ses biens meubles ou immeubles; d'avoir acquis sur lui des créances fausses et qui à la vérification et affirmation de ces créances auront persévéré à les faire valoir comme sincères et véritables (597, 479).

Comment sont rendues publiques les condamnations pour banqueroute frauduleuse?

Par affiches et insertion dans les journaux , comme le jugement déclarant l'ouverture de la faillite (599).

---

[1] L'action publique de banqueroute peut être intentée avant la déclaration de faillite par le tribunal de commerce (C. de Cass. , 7 nov. 1811 ; Annal. comm., t. 1, p. 13 ; Denevers, 1812, p. 26), et même après l'homologation du concordat (C. de Cass. , 9 mars 1811 : Annal. comm. , p. 14). D'après ces principes, la chambre d'accusation ne peut surseoir à prononcer sur la mise en accusation d'un agent de change prévenu de faillite , jusqu'à ce qu'il ait été déclaré failli par le tribunal de commerce. (Annal. , t. 1, p. 230.)

CHAPITRE III.

ADMINISTRATION DE LA FAILLITE EN CAS DE BANQUEROUTE.

Lorsqu'il y a lieu à la fois poursuite en banqueroute et actions civiles relatives à la faillite, comment les unes et les autres sont jugées ?

Les actions civiles sont jugées indépendamment et séparément des poursuites criminelles ; et toutes les dispositions prescrites pour la faillite doivent être exécutées sans qu'elles puissent être attirées ni évoquées aux tribunaux correctionnels ou criminels (600). (*Voy.* cependant 598.)

Quid si le procureur du roi demande des renseignements aux syndics ?

Ils doivent les lui donner, ainsi que tous papiers, lettres et pièces qu'il leur demande (601).

Où sont mis pendant l'instruction ces objets délivrés par les syndics ?

Au greffe en état de communication. La communication a lieu sur la réquisition des syndics qui peuvent prendre des extraits privés ou en requérir d'officiels que le greffier leur expédie (602).

Que fait-on des pièces après le jugement ?

On les remet aux syndics, qui en donnent décharge, sauf celles dont le jugement aurait ordonné le dépôt judiciaire (603).

TITRE V.

DE LA RÉHABILITATION.

Qu'appelle-t-on *réhabilitation* en matière de commerce ?

La réintégration d'un commerçant dans l'état dont il était déchu par sa faillite.

Tous les faillis peuvent-ils être réhabilités?

Ne peuvent l'être les stellionataires, les condamnés pour vol ou escroquerie, les comptables, tels que tuteurs, administrateurs ou dépositaires, qui n'ont pas rendu ou apuré leurs comptes, les banqueroutiers frauduleux (612); mais les banqueroutiers simples peuvent l'être après avoir subi leur jugement (612).

Que doit faire le failli pour obtenir sa réhabilitation?

Adresser sa demande à la Cour royale dans le ressort de laquelle il est domicilié (604), et joindre à sa pétition les quittances et autres pièces justifiant qu'il a payé toutes les sommes par lui dues avec intérêts et frais (605).

Que doit faire la cour après avoir reçu la requête?

La communiquer au procureur général, qui en envoie des expéditions certifiées de lui au procureur du roi près le tribunal civil et au président du tribunal de commerce du domicile du pétitionnaire (606).

Quid si le failli a changé de domicile depuis sa faillite?

Le procureur général envoie expédition de la demande au président du tribunal de commerce dans l'arrondissement duquel la faillite a eu lieu (606).

De quoi sont chargées en même temps ces diverses autorités par le procureur général?

De recueillir et de lui remettre tous les renseignements qu'elles peuvent obtenir sur les faits exposés dans sa requête (606).

La demande en réhabilitation est-elle publiée?

Elle doit être insérée par extrait dans les papiers publics à la diligence du procureur du roi et du président du tribunal de commerce; copie entière de la demande reste affichée pendant deux mois, tant dans la salle d'audience de chaque tribunal qu'à la bourse et à la maison commune (607).

Que peuvent faire les créanciers pendant ces deux mois?

S'opposer à la réhabilitation s'ils n'ont été payés intégralement en principal, intérêts et frais. Même droit appartient à tout intéressé (608).

Comment doit-on s'opposer à la réhabilitation ?

Par simple acte au greffe, appuyé de pièces justificatives s'il y a lieu (608).

Les créanciers opposants peuvent-ils figurer dans la procédure de réhabilitation ?

Non, mais sans préjudice de leurs autres droits (608).

Quid s'il n'y a pas d'opposant ?

Deux mois après l'affiche de la demande, le procureur du roi et le président du tribunal de commerce transmettent au procureur général les renseignements par eux recueillis, les oppositions qu'on a faites, et les connaissances particulières qu'ils ont sur la conduite du failli. Ils y joignent leur avis sur sa demande (609).

Quid après toutes ces formalités ?

Le procureur général fait rendre arrêt portant admission ou rejet de la demande en réhabilitation (610).

Quid si la demande est rejetée ?

Elle ne peut être reproduite (610).

Et si elle est admise ?

L'arrêt portant réhabilitation est adressé tant au procureur du roi qu'au président du tribunal auxquels la demande a été expédiée par le procureur général (611).

Que font alors le tribunal de commerce et le tribunal civil ?

Ils font lire publiquement et transcrire sur leurs registres l'arrêt de réhabilitation (612).

FIN DU TROISIÈME LIVRE.

LIVRE QUATRIÈME.

DE LA JURIDICTION COMMERCIALE.

TITRE I.

DE L'ORGANISATION DES TRIBUNAUX DE COMMERCE.

Qui est-ce qui fixe le nombre et la situation des tribunaux de commerce ?

Des règlements d'administration publique (615).

Quelle est l'étendue de l'arrondissement de chaque tribunal de commerce ?

La même que celle de l'arrondissement du tribunal civil dans le ressort duquel il est placé ; et s'il y a plusieurs tribunaux de commerce dans le ressort d'un seul tribunal civil, il leur est assigné des arrondissements particuliers (616).

Quid s'il n'y a pas de tribunal de commerce dans un arrondissement ?

Les juges du tribunal civil de cet arrondissement remplissent les fonctions de juges de commerce, et connaissent des matières que la loi leur attribue (640). L'instruction dans ce cas a lieu comme devant les tribunaux de commerce, et les jugements produisent les mêmes effets (641).

De combien de personnes se compose chaque tribunal de commerce ?

D'un juge président, de juges et de suppléants (617).

Quel doit être le nombre de juges ?

De deux au moins, de huit au plus, non compris le pré-sident (*ib*).

Quid du nombre des suppléants ?

Il est proportionné aux besoins du service pour chaque tribunal par un règlement d'administration publique, fixant aussi le nombre des juges (*ib.*) [1]

Quels sont les officiers nommés près de chaque tribunal ?

Un greffier et des huissiers nommés par le gouvernement, et dont les droits, devoirs et vacations sont fixés par règlement d'administration publique (624). Il n'y a pas d'avoué auprès des tribunaux de commerces (Code de procéd. , 414.) [2]

Quels sont les individus établis à Paris seulement pour l'exécution des jugements commerciaux emportant la contrainte par corps ?

Les gardes du commerce, dont le nombre et les attributions sont déterminés par règlement particulier (625).

Quelles sont les qualités et conditions requises pour pouvoir être juge ou juge suppléant dans un tribunal de commerce ?

Être âgé de 3o ans, et exercer le commerce avec honneur et distinction depuis cinq ans (62o).

Quid pour les individus quittant le commerce après l'avoir exercé pendant cinq ans ?

Ils peuvent être nommés juges, si, depuis leur retraite, ils n'ont pas embrassé d'autre profession (Avis du Conseil d'état, approuvé le 2 février 18o8).

Quelles sont les conditions nécessaires pour pouvoir être président d'un tribunal de commerce?

Être âgé de 4o ans, et avoir été juge de commerce dans les tribunaux actuels ou anciens (62o).

---

[1] *Voy.* à ce sujet, *Annales commerciales*, t. 1, p, 1.

[2] Il y a près des tribunaux de commerce des agréés que les parties sont libres de choisir pour défenseurs.

Comment procède-t-on à la nomination des juges de commerce?

Le préfet dresse une liste des notables commerçants de l'arrondissement qui doit être approuvée par le ministre de l'intérieur (619).

A quel nombre doivent monter les notables?

A vingt-cinq, dans les villes de 15,000 âmes; et dans les autres villes, la liste doit être augmentée à raison d'un notable par mille habitants de plus (619).

Que font les notables quand leur liste est en règle?

Ils s'assemblent (618), et élisent au scrutin individuel et à la pluralité absolue des suffrages les membres du tribunal (621) [1].

Quid s'il s'agit d'élire le président?

L'objet spécial de l'élection est annoncé avant d'aller au scrutin (621).

Quid après les élections?

Les procès-verbaux sont envoyés au ministre de la justice, qui propose au roi l'institution des négociants élus. (Décret du 6 octobre 1809.)

Pour quel temps sont faites les nominations?

Pour deux ans au plus (633). A la première élection du tribunal, le président et une moitié des juges et des suppléants sont nommés pour deux ans; l'autre moitié des juges et des suppléants sont nommés pour un an seulement. Mais aux élections postérieures, toutes les nominations sont faites pour deux ans (622).

Les membres du tribunal de commerce peuvent-ils être renommés de suite après l'expiration de leurs fonctions?

Ils ne peuvent être réélus qu'après un an d'intervalle.

---

[1] Ils complètent le nombre des juges ou suppléants devenu insuffisant par suite de récusations ou d'empêchements. (Décret du 6 octobre 1809.)

Que doivent faire les juges de commerce avant d'entrer en fonctions?

Prêter serment à l'audience de la Cour royale, lorsqu'elle siège dans l'arrondissement communal où le tribunal de commerce est établi; dans le cas contraire, la cour commet, à la demande des juges de commerce, le tribunal civil de l'arrondissement pour recevoir leur serment, et, dans ce cas, le tribunal dresse procès-verbal et l'envoie à la cour royale, qui en ordonne l'insertion dans ses registres : toutes ces formalités sont remplies sur les conclusions du ministère public et sans frais (629).

Les juges de commerce reçoivent-ils un traitement?

Non; leurs fonctions sont purement honorifiques (628).

Sous quelle surveillance et attributions sont placés les tribunaux de commerce?

Sous celles du ministre de la justice (630).

TITRE II.

COMPÉTENCE DES TRIBUNAUX DE COMMERCE.

De quoi connaissent les tribunaux de commerce ?

1º Entre toutes personnes des contestations relatives aux actes de commerce (631 ; § 2).

Quels sont les actes réputés actes de commerce par la loi?

Tout achat de denrées et marchandises pour les revendre, ou pour en louer l'usage. Ainsi la vente faite par les propriétaires cultivateurs ou vignerons de denrées provenant de leur crû n'est point acte de commerce, et partant ne peut être jugée par les tribunaux de commerce; il en est de même de l'achat de marchandises par un négociant pour son usage particulier (638).

Toute entreprise de manufactures, de commission, de transport par terre ou par eau.

Toute entreprise de fournitures, d'agence, bureau d'affaires, établissements de ventes à l'encan, de spectacles publics.

Toute opération de banque publique.

Toute obligation entre négociants, marchands et banquiers (631, § 1 ; 632).

Toute opération de change, banque et courtage ; entre toutes personnes, les lettres de change ou remises d'argent faites de place en place (632). Mais quand les lettres de change ne sont réputées que simples promesses, si elles ne sont signées que par de non-négociants, et n'ont pas pour occasion des opérations de commerce, le tribunal de commerce doit renvoyer devant le tribunal civil, à la réquisition du défendeur (636).

Quid si quelques uns des signataires sont commerçants ?

Le tribunal de commerce doit juger, mais il ne peut prononcer la contrainte par corps contre les signataires non-commerçants, à moins qu'ils ne se soient engagés à l'occasion d'une opération commerciale (637).

Quid relativement aux billets à ordre ?

Ils ne sont pas de leur nature actes de commerce ; et s'ils ne portent que des signatures de non-commerçants, et n'ont pas pour cause une opération commerciale, le tribunal de commerce doit renvoyer au tribunal civil s'il en est requis par le défendeur (636).

Quid s'ils sont signés par des commerçants et de non-commerçants ?

Le tribunal de commerce en connaît, mais il ne peut prononcer la contrainte par corps contre les signataires non-négociants, à moins qu'ils ne se soient engagés à l'occasion d'une opération commerciale (637).

Quels sont les autres actes réputés actes de commerce,

et, comme tels, soumis à la juridiction commerciale ?

Toute entreprise de constructions, et tous achat, vente et revente de bâtiments pour la navigation intérieure et extérieure.

Toute expédition maritime, tout achat ouvente d'agrès, apparaux et avitaillement, tout affrétement ou nolissement, emprunt ou prêt à la grosse; toutes assurances et autres contrats concernant le commerce de mer, tous accords et conventions pour le salaire et loyer d'équipages, tous engagements de gens de mer pour le service de bâtiments de commerce (633).

Quels sont les autres actes qui, jusqu'à preuve contraire, sont réputés commerciaux ?

Toutes les obligations entre commerçants et tous leurs billets. La loi présume qu'ils ont lieu pour leur commerce (631 et 638).

De quoi connaissent encore les tribunaux de commerce ?

Des actions contre les facteurs commis des marchands, ou leurs serviteurs, pour le fait seulement du trafic des marchands auxquels ils sont attachés (634. § 1 [1]);

Des billets faits par les receveurs, payeurs, percepteurs, ou autres comptables de deniers publics, lorsqu'il n'y est point énoncé une cause étrangère à la gestion de ces fonctionnaires (638, § 2). Sans cette énonciation les billets des receveurs, etc., sont censés faits pour leur gestion (*ib.*);

Du dépôt du bilan et des registres du commerçant failli; de l'affirmation et de la vérification des créances ;

Des oppositions au concordat quand les moyens de l'opposant sont fondés sur des actes ou opérations dont la connaissance appartient aux tribunaux de commerce ;

---

[1] *Secus* pour les différents sur les gages du commis.(C. Cass., 5 septembre 1810; Sirey, t. 11, p. 32, part 1re, et plusieurs autres Cours.)

De l'homologation du concordat ;

Et enfin de la cession des biens du failli pour la partie qui en est attribuée aux tribunaux de commerce (635).

TITRE III.

DE LA FORME DE PROCÉDER DEVANT LES TRIBUNAUX DE COMMERCE.

§ Ier.

De l'assignation.

Comment doit-on former une demande devant les tribunaux de commerce ?

Par exploit suivant les formes prescrites par le Code de procédure au titre des ajournements (642. Cod. de procéd. 415, 59 et suiv.) ; avec cette différence qu'elle est dispensée du préliminaire de conciliation (Cod. de proc., 49), et qu'elle ne doit point contenir constitution d'avoué (*Ib.*, 414).

Le délai de l'ajournement doit-il être le même que celui d'un ajournement en matière civile ?

Non ; il peut n'être que d'un jour (Cod. de proc., 416).

Quid s'il y a besoin de célérité ?

Le président du tribunal peut permettre d'assigner de jour à jour, et même d'heure à heure, et de saisir les effets mobiliers ; il peut aussi, suivant l'exigence des cas, assujettir le demandeur à donner caution ou à justifier de solvabilité suffisante. Ses ordonnances sont exécutoires, nonobstant opposition ou appel (*Ib.*, 417).

Quid s'il s'agit d'une affaire maritime ?

Dans toutes celles où il existe des parties non-domiciliées

et dans celles où il s'agit d'agrès, victuailles, équipages et radoubs de vaisseaux prêts à mettre à la voile, et d'autres matières urgentes et provisoires, l'assignation de jour à jour ou d'heure à heure peut être donnée sans ordonnance à bord, à la personne assignée, et le défaut peut être jugé sur-le-champ (418, 419).

Où peuvent être données les assignations en matière de commerce ?

Le demandeur peut assigner à son choix devant le tribunal du domicile du défendeur ;

Devant celui dans l'arrondissement duquel la promesse a été faite, et la marchandise livrée ; devant celui dans l'arrondissement duquel le paiement devait être effectué (420) [1].

§ II.

Instruction.

Comment doivent comparaître les parties devant le tribunal ?

En personne ou par un fondé de procuration spéciale (421).

Mais jamais par le ministère d'un avoué (414).

Que doivent faire celles qui ne sont pas domiciliées dans le lieu du tribunal ?

Y faire élection de domicile qu'on mentionne sur le plumitif de l'audience (422).

Quid à défaut de cette élection ?

Toute signification, même celle du jugement définitif, sera valablement faite au greffe du tribunal (422).

---

[1] Il faut que la marchandise soit livrée au lieu même de la promesse. (Cass. 4 décembre 1811 ; Sirey, t. 15, p. 367, part. 1. *Voy.* Arrêts jugeant plusieurs autres questions sur cet art. ; Annales comm., t. 1, p. 104, 127, 257, 416, 418.)

En quel cas l'élection de domicile est-elle inutile ?

Quand à la première audience il intervient un jugement définitif (*Ib.* § 1).

De quoi sont dispensés les étrangers en matière de commerce ?

De donner caution pour payer les frais et dommages-intérêts auxquels ils pourront être condamnés (423). Exception à l'art. 166 du Code de procéd. et 16 Cod. civ.

Quid si le tribunal est incompétent ?

Si c'est à raison de la matière, il doit renvoyer les parties, encore qu'on n'ait pas excipé de son incompétence (424).

Quid s'il est incompétent d'une autre manière ?

Il ne peut renvoyer qu'autant qu'on a décliné sa juridiction, préalablement à toute autre défense (*Ib.* § 2).

Quel droit a-t-il s'il rejette l'exception tirée de son incompétence ?

Il peut statuer par deux dispositions distinctes sur la compétence et sur le fond.

Qu'arrive-t-il alors ?

La disposition sur la compétence peut toujours être attaquée par la voie de l'appel (Cod. de procéd. 425), quelle que soit la valeur du fond.

Que doit-il être fait si une des parties meurt ?

L'autre partie doit assigner en reprise ou par action nouvelle, son époux ou ses héritiers, sauf, si les qualités sont contestées, à les renvoyer aux tribunaux ordinaires pour y être réglées et ensuite être jugées sur le fond au tribunal de commerce (426).

Quid s'il convient d'examiner des livres et pièces ?

Le tribunal peut en ordonner la représentation ou communication, selon la distinction établie au titre des livres de commerce (*voyez* art. 14 et 16 du Cod. de comm.), et si les livres sont en d'autres lieux que le tribunal, il peut adresser une commission rogatoire au tribunal de commerce du lieu , ou en faire prendre connaissance par un juge de paix, qui dresse et envoie procès-verbal (16).

Quid s'il y a lieu à renvoyer les parties devant des arbitres pour l'examen des comptes , pièces et registres ?

Il est nommé un ou trois arbitres pour entendre les parties et les concilier s'il est possible , sinon pour donner leur avis (429).

Quid s'il y a lieu à visite ou estimation d'ouvrage ?

On nomme un ou trois experts (*Ib.*, § 2).

Comment se fait la nomination des arbitres ou des experts d'office ?

Par le tribunal , à moins que les parties n'en conviennent l'audience (*Ib.*, § 3).

Quand doit-on récuser les arbitres ou experts s'il y a lieu à récusation ?

Dans les trois jours de leur nomination (430)

Que font les arbitres ou experts après avoir fini leur rapport ?

Ils le déposent au greffe du tribunal (431).

Quid si quelque pièce produite est déniée ou arguée de faux ?

Le tribunal renvoie devant les juges compétents si la partie persiste à s'en servir, et il est sursis au jugement de la demande principale. Néanmoins si la pièce n'est relative qu'à un des chefs de la demande, on peut juger les autres chefs (427).

Le tribunal peut-il interroger les parties ou des témoins ?

Il peut même d'office ordonner que les parties soient entendues en personne à l'audience ou à la chambre du conseil, et, s'il y a empêchement, commettre un des juges ou un juge de paix pour les entendre et dresser procès-verbal de leur déclaration (428). S'il ordonne la preuve par témoin, il doit y être procédé dans les formes prescri-

les par le Code de procédure pour les enquêtes en matière
sommaire (432)[1].

§ III.

Des jugements des tribunaux de commerce.

Comment doivent être rendus, rédigés, expédiés et signifiés les jugements commerciaux?

Ils doivent être rendus par trois juges au moins; aucun
suppléant ne peut être appelé que pour compléter ce
nombre (Cod. de com., 626), et ils doivent être rédigés,
expédiés et signifiés comme les jugements des tribunaux de
première instance (Cod. de procéd., 433).

Les jugements de commerce peuvent-ils être exécutés
provisoirement ?

Oui, et nonobstant appel, et sans caution, s'il y a titre
non attaqué, ou condamnation précédente dont on n'a
pas appelé; en tout autre cas, l'exécution provisoire n'a
lieu qu'à la charge de donner caution ou de justifier de
solvabilité suffisante (439)[2].

Comment doit être présentée la caution?

Par acte signifié au domicile de l'appelant, s'il demeure
au lieu du tribunal, sinon au greffe du tribunal, avec
sommation, à jour et heure fixes, de se présenter à ce greffe
pour prendre communication, sans déplacement, des titres

---

[1] Les tribunaux doivent-ils observer ces formes sous peine de nullité?
Voy. *Annales commerciales*, t. 1er, p. 65.

[2] L'exécution provisoire d'un jugement de commerce par défaut peut-
elle être ordonnée, nonobstant opposition? (M. Delvincourt, tom. 1,
p. 528, not. 2; arrêts contraires, etc. de Turin, du 14 septembre 1813;
ib. 1814, t. 2, p. 159; de Douai du 11 janvier 1815; Sirey, 1814, p. 157,
2e part.)

L'exécution provisoire des jugements commerciaux a lieu de plein
droit sans avoir besoin d'être ordonnée. (C. Cass., 15 avril 1817.)

de la caution, s'il est ordonné qu'elle en fournira, et à l'audience, pour voir prononcer sur l'admission (440). Si l'appelant ne comparaît pas ou ne conteste pas, la caution fera sa soumission au greffe; s'il conteste, il sera statué au jour indiqué par la sommation; en tous cas, le jugement sera exécutoire nonobstant opposition ou appel (441).

Quid des jugements par défaut.

Ils doivent être signifiés par un huissier commis à cet effet par le tribunal (435).

Que doit contenir cette signification?

Élection de domicile dans la commune où elle se fait, si le demandeur n'y est domicilié, et ce sous peine de nullité (*ib.*).

Quand peut être exécuté le jugement par défaut?

Un jour après la signification, et jusqu'à l'opposition (435). (*Voy.* 159, de procéd.)

Quand cesse-t-il d'être exécutoire?

C'est lorsqu'il n'est pas signifié dans les six mois de son obtention; alors il est réputé non avenu (156, de procéd.; 643, de comm.).

Jusques à quand peut-on former opposition?

Jusqu'à l'exécution du jugement (Cod. comm. 643; Cod. de procéd. 158)[1].

Quand y a-t-il exécution de jugement?

Quand les meubles du condamné ont été saisis et ven-

---

[1] En matière civile on distingue les jugements par défaut, faute de comparaître, et les jugements faute de plaider. Les premiers seuls sont périmés à défaut d'exécution dans les six mois. On peut y former opposition jusqu'à leur exécution (Cod. de procéd., 158). On ne peut s'opposer aux seconds que dans la huitaine de leur signification (157), et ils peuvent être exécutés après six mois. Faut-il faire cette distinction relativement aux jugements de commerce? Oui. (C. Cass., 3 mai 1824; Annales commerciales, t. 1, p. 265.)

dus, ou que le condamné a été emprisonné ou recommandé, ou que la saisie d'un ou de plusieurs de ses immeubles lui a été notifiée, ou que les frais ont été payés, ou enfin lorsqu'il y a quelque acte dont il résulte nécessairement que l'exécution du jugement a été connue de la partie défaillante (procéd. 159).

Que doit contenir l'opposition?

Les moyens de l'opposant et assignation dans le délai de la loi (437).

Où doit-on la signifier?

Au domicile élu (*ib.*).

Quel effet produit-elle?

Faite à l'instant de l'exécution par déclaration sur le procès-verbal de l'huissier, elle arrête l'exécution (438) ; mais elle doit être réitérée, sous peine de nullité, dans les trois jours, par exploit contenant assignation (438).

Les tribunaux de commerce peuvent-ils connaître de l'exécution de leurs jugements?

Jamais (442), et les contestations élevées sur l'exécution de leurs jugements sont portées au tribunal de première instance du lieu où l'exécution se poursuivra (553)[1].

---

[1] Les tribunaux de commerce peuvent-ils commettre un huissier pour faire le commandement afin de contraindre par corps (Cod. de procéd. , 788, 442, 435, 553). *Voy.* Décisions en sens divers. (Annales commerciales , t. 1; p. 442.)

TITRE IV.

DE L'APPEL EN MATIÈRE DE COMMERCE.

Quels sont les jugements des tribunaux de commerce dont on peut appeler ?

Ceux dans lesquels la demande principale n'excède pas la valeur de 1,000 francs, et où les parties n'ont point déclaré vouloir être jugées sans appel (639, 646, comm.) [1].

Ceux rendus incompétemment à toute autre raison que celle de la matière, si les parties ont excipé de l'incompétence du tribunal (425, de procéd.), et ceux rendus incompétemment à raison de la matière, soit que les parties aient excipé ou non de l'incompétence (*ib.*).

Où se portent les appels des jugements des tribunaux de commerce ?

Devant les Cours royales dans le ressort desquelles ces tribunaux sont situés (644).

Quand peut-on interjeter l'appel ?

Le jour même du jugement [2]. Le délai pour appeler est de trois mois, à compter du jour de la signification du jugement, pour ceux rendus contradictoirement, et à

---

[1] Un tribunal de commerce peut juger en dernier ressort la demande en paiement d'une lettre de change de 1,000 fr.; de l'enregistrement, des frais de protêt et des intérêts courus depuis le protêt. (*Voy.* Annales commerciales, t. 1, p. 524.)

[2] Lors même que le jugement serait par défaut. (C. Cass., 24 juin 1816; Sirey, t. 16, p. 409, partant nonobstant les articles 455 et 456 du Cod. de procéd.; Arrêts contraires de Colmar, du 31 décembre 1808, et de Paris, du 18 mai 1809.)

compter du jour de l'expiration du délai de l'opposition , pour ceux qui auront été rendus par défaut (645).

L'appelant peut-il empêcher l'exécution des jugements dont il appelle ?

Non , et les cours d'appel ne peuvent jamais , à peine de nullité et de dommages-intérêts des parties , s'il y a lieu , accorder de défenses ni surseoir à l'exécution des jugements des tribunaux de commerce , quand même ils seraient attaqués pour incompétence [1] ; mais elles peuvent, suivant l'exigence des cas , accorder la permission de citer extraordinairement, à jour et heure fixes , pour plaider sur l'appel (647). (*Secus* en matière civile , Cod. de procéd. 459.)

Comment sont instruits et jugés les appels des tribunaux de commerce ?

Comme les appels de jugements rendus en matière sommaire , et l'on doit , jusques et y compris l'arrêt définitif, observer les formalités prescrites par le Code de procédure pour les causes d'appel en matière civile. (*Voyez* ce Code, art. 443 à 474.)

---

[1] On est divisé sur la question de savoir si l'on peut se pourvoir en requête civile contre les jugements commerciaux. (*Voy.* arrêts des Cours de cassation, 14 mai 1811 et 24 août 1819; Bruxelles , 23 janvier 1812; Poitiers, 19 janvier 1816; Toulouse , 21 avril 1820 ; MM. Pardessus , t. 5, p. 90; Delvincourt , p. 242, not. 2 ; Berriat , p. 398 , n° 12 ; Pigeau, t. 1, p. 599 ; Merlin , au Répertoire , verbo *Requête civile* , § 3, n° 11, t. 15 ; Carré , Analyse n° 1581 , et dans son Traité , question 2474.

FIN.

ERRATA.

Page 15, Livre 13, après la question : Les jugements d'arbitres forcés sont-ils sujets à l'opposition ? lisez *Non* (*Cod. de procéd.*, § 3), *et l'on ne peut se pourvoir par opposition à l'ordonnance d'exécution devant le tribunal qui l'a rendue, et demander la nullité de la décision arbitrale* (*voy.* plusieurs arrêts, Annales comm., tom. 1, pag. 164); *mais on peut, sur l'appel, demander cette nullité* (*C. de cassat.*, 22 avril 1823). *Ib.*

Même page, à la note 1, lisez : *les cours et les auteurs sont divisés sur la question de savoir si l'on peut se pourvoir en requête civile contre les jugements de commerce. Ils semblent devoir l'être implicitement à l'égard des décisions d'arbitres forcés.*

www.ingramcontent.com/pod-product-compliance
Ingram Content Group UK Ltd.
Pitfield, Milton Keynes, MK11 3LW, UK
UKHW021931070726
13614UKWH00001B/371

9 782329 069456